26786 bis.

RETRAITE
D'APRÈS
LES EXERCICES
SPIRITUELS
DE SAINT-IGNACE.

RETRAITE
D'APRÈS
LES EXERCICES
SPIRITUELS
DE SAINT-IGNACE;

Par J. B. A. BOUCHER, Prêtre.

Le Livre des Exercices Spirituels a fait plus de conversions qu'il ne contient de lettres.
S. Franç. de Sales.

A PARIS,

Chez l'Auteur, rue d'Enfer-S.-Michel, n°. 67.

1807.

Deux Exemplaires de cet Ouvrage ont été déposés à la Bibliothèque Impériale, conformément à la Loi.

―――

On trouve à la même adresse *la Vie de la Bienheureuse Sœur Marie de l'Incarnation, fondatrice des Carmélites réformées de France*, par le même Auteur.

―――

Il travaille à une nouvelle Vie de Sainte-Thérèse, et à une édition de ses Lettres mises en ordre Chronologique, et augmentées de près de deux cents, inédites en français.

RETRAITE
D'APRÈS
LES EXERCICES
SPIRITUELS
DE SAINT-IGNACE.

INTRODUCTION.
Du Livre des Exercices Spirituels, et de cette Retraite.

LE Livre des *Exercices Spirituels* de Saint-Ignace est un petit volume *in-16*, d'environ 200 pages. Ce fut dans la solitude de Manrèze (1), en 1522, un an après sa

---

(1) Manrèze est une petite ville d'Espagne dans la Catalogne. Elle est fameuse par la

a

conversion, que Saint-Ignace le composa en Espagnol. Depuis il a été traduit dans toutes les langues et imprimé en toutes sortes de formats.

Revenu à Dieu d'une manière héroïque, et brûlant du zèle du salut des ames, le Saint voulut mettre par écrit ce qu'il savoit par sa propre expérience sur les voies spirituelles. La Bulle de sa Canonisation dit qu'*il fut assisté par le Saint-Esprit* dans la composition de cet ouvrage. On croit aussi que la Sainte-Vierge lui fut alors d'un grand secours.

Le but des *Exercices spirituels* est d'aider le pécheur à sortir de

---

pénitence de Saint-Ignace, et par la piété des peuples qui y viennent de tous côtés en pélerinage par vénération pour le Saint.

l'état du péché, et, à se donner entièrement à Dieu par la conformité à sa volonté sainte.

Ce n'est pas pour ceux qui devoient faire les *Exercices spirituels* que Saint-Ignace les composa, mais pour ceux qui devoient les donner; aussi les sujets n'y sont-ils pas traités à fond, ils n'y sont qu'indiqués. Ce ne sont que des notes, des remarques, des avis, des règles, une espèce de table de ce qu'on a à faire pour rentrer en grâce avec Dieu, et connoître ce qu'il peut exiger de nous pour l'œuvre du salut. On ne trouve dans ce Livre rien de nouveau, et qui, avant Saint-Ignace, n'ait été traité par les Pères et les Maîtres de la Vie spirituelle. Tout le mérite des Exercices consiste dans l'ordre, l'enchaînement, la méthode avec lesquels on doit présenter les vérités du salut pour qu'elles produisent dans l'ame leur effet. Ce qui a fait dire à un des historiens les plus polis de la vie du Saint (le Père Bouhours) : « Que Saint-Ignace avoit réduit en art la conversion du pécheur et l'avancement spirituel du juste. » En effet, instruit par lui-même et par l'Esprit Saint, comme dit la Bulle de sa Canonisation, du fruit que telle vérité doit produire dans telle circonstance, le Saint la présente toujours à propos et de la manière la plus propre à remuer les ames indolentes, à réduire les plus opiniâtres, à soulager celles qui sont dans la peine, et à les rendre capables toutes des vertus les plus héroïques, et leur faire remplir les grandes vues de Dieu sur elles. Il suffit de lire les *Exercices spirituels* pour s'en convaincre ; mais la conviction est à son comble quand on les fait dans une Retraite.

C'est avec ce Livre que Saint-Ignace a converti un si grand nombre de personnes dans les différentes villes d'Espagne, d'Italie et de France. C'est avec ce Livre qu'il s'est attaché ses premiers compagnons, et que ceux-ci lui en ont gagné tant d'autres. Quelque nouveau qu'il fût, les Pères du concile de Trente voulurent en faire les exercices sous la conduite de Laynez, Salmeron et Le Jay, trois des premiers disciples du Saint, lesquels assistèrent au Concile, les deux premiers comme Théologiens du Pape, et le dernier comme Théologien du Cardinal d'Augsbourg.

Les fruits que ce Livre admirable produisoit dans l'Église, soulevèrent contre lui les impies et les libertins. On alla jusqu'à en persécuter l'auteur; mais toutes ces attaques ne firent que consolider la réputation de l'un et de l'autre. On examina le Livre des *Exercices Spirituels* de la manière la plus rigoureuse dans plusieurs Universités; et, non seulement il soutint cet examen avec honneur, mais il fut bientôt revêtu du suffrage des plus fameux Docteurs, et des Saints les plus illustres. Grenade, ce religieux si modeste et si éclairé, disoit : *Que sa vie ne suffiroit pas pour écrire ce qu'il y avoit appris;* Saint-Charles Borromée : *Que ce Livre à lui seul valoit une bibliothèque;* Saint-François de Sales : *Que ce*

Livre avoit fait plus de conversions qu'il ne contenoit de lettres. Enfin, en 1548, à la prière de Saint-François de Borgia, Paul III, par une Bulle solemnelle, a mis le sceau à tous ces éloges en approuvant les *Exercices spirituels,* qu'il dit *être remplis de l'esprit de Dieu.*

 C'est avec ce Livre que pendant plus de deux cents ans la Compagnie de Jésus a formé et nourri au milieu d'elles tant de Saints personnages; c'est avec lui qu'elle a travaillé si efficacement au salut des ames dans les Chaires publiques, dans les Tribunaux de la pénitence, dans les Missions et les Retraites, dans les Livres de piété qu'elle a mis au jour. Enfin, de combien de sujets distingués par leurs lumières et par leur piété, ce Livre admirable n'a-t-il pas encore peuplé les autres Ordres religieux !

Pour jeter encore plus de lumière sur le Livre des *Exercices*, et le rendre plus utile, le célèbre Aquaviva, un des plus grands généraux de la Société, fit imprimer à Rome, en 1599, quarante-trois ans après la mort de Saint-Ignace, un Livre intitulé : *Le Directoire pour donner les Exercices spirituels.* C'est un Recueil d'observations que les Jésuites répandus dans les différentes parties du monde chrétien, avoient faites sur la meilleure manière de donner les *Exercices spirituels.* Aquaviva le fit examiner et approuver par la cinquième Congrégation générale de la Société. Depuis ce temps ce Livre est ordinairement joint à celui des

Exercices, et a à-peu-près le même nombre de pages.

C'est d'après le Livre des *Exercices spirituels* de Saint-Ignace, et celui du *Directoire pour les donner*, composé par Aquaviva, que nous avons travaillé à cette Retraite. Nous ne l'avons fait que pour ceux qui doivent faire la Retraite, et non pour ceux qui la donnent; aussi avons-nous supprimé les avis qui regardent ces derniers. On les trouvera dans les *Exercices spirituels* et dans le *Directoire*. Usant de même de la liberté que Saint-Ignace laisse aux directeurs de la Retraite, nous nous sommes permis d'ajouter quelques Méditations à celles qui sont marquées dans son Livre, et d'en recueillir quelquefois plusieurs dans une seule. D'après le Saint, nous avons pris garde de ne pas trop nous étendre sur les différents points de chaque Méditation. Saint-Ignace dit formellement sur cet objet : *qu'il vaut mieux laisser agir l'Esprit Saint sur une ame, que de lui suggérer trop de réflexions; et que d'ailleurs on goûte plus celles que l'on fait soi-même.* Enfin nous avons cru devoir présenter en Méditations Préliminaires certaines vérités répandues dans les notes et les avis du Saint, parce qu'on peut avoir besoin de ces vérités dès les premiers jours de la Retraite.

Nous croyons que le public chrétien nous saura gré d'avoir mis à sa portée un livre qu'il ne connoissoit pas, ou qu'il n'entendoit pas suffisamment, qui a fait tant de Saints, et qui peut encore en faire beaucoup. Notre travail ne sera pas non plus inutile aux Ecclésiastiques qui voudroient donner une Retraite, ou qui dirigent les ames. Quelque claires que soient les choses que le Saint traite dans son Livre, il n'est pas si facile d'en saisir l'ordre et l'enchaînement, quand on le lit; et de le suivre dans la pratique, quand on en donne les exercices. Qu'on se procure le Livre des *Exercices spirituels* et celui du *Directoire pour les donner*, on trouvera cette Retraite toute faite dans notre Livre. Si le temps nous le permet, nous pourrons dans la suite donner au public une manière différente de traiter les sujets de cette Retraite pour les Enfants, pour les Ecclésiastiques et pour les personnes consacrées à Dieu par des vœux.

Introduction.

Puisse ce petit Ouvrage produire le fruit que nous en attendons; la gloire de Dieu et le salut des ames ! Nous en faisons hommage à la Sainte-Vierge et à Saint-Ignace; et nous nous recommandons aux prières de ceux qui en feront usage.

RETRAITE
D'APRÈS
LES EXERCICES
SPIRITUELS
DE SAINT-IGNACE.

MÉDITATIONS PRÉLIMINAIRES.

Les méditations suivantes traitent, comme nous l'avons dit, de certaines vérités éparses dans le livre du Saint; il est essentiel de les faire, si l'on veut tirer de la retraite le fruit qu'on se propose d'en tirer : un coup-d'œil sur chacune suffira pour s'en convaincre. On peut en juger aussi par l'intérêt que Saint-Ignace met à tout ce qu'elles prescrivent, et par l'attention avec laquelle il recommande à celui qui donne la retraite, d'en faire sentir l'impor-

A

tance. L'ordre dans lequel ces méditations se suivent n'est pas non plus indifférent; elles sont tellement liées ensemble, que la première sert d'appui à la seconde, la seconde à la troisième, et ainsi de suite. Si l'on n'avoit que peu de temps à donner à la retraite, il ne faudroit pas la commencer sans avoir au moins lu ces méditations.

PREMIÈRE MEDITATION.

Sur la Prière en général.

Comme nous ne pouvons rien de nous-mêmes dans l'ordre du salut, la première chose dont il faut être instruit pour y travailler avec fruit, et la plus nécessaire dans une retraite pour que Dieu nous y *parle au cœur*, c'est la prière. La Prière est le canal des Grâces, la clef du Ciel; et, si l'on peut s'exprimer ainsi, la cheville ouvrière du Christianisme. On réfléchira donc sur sa nécessité, ses avantages, et les conditions dont elle doit être revêtue; et pour commencer à suivre la méthode dont Saint-Ignace enseigne à faire oraison :

Après s'être mis en présence de Dieu pendant une ou deux minutes, on se représentera J. C., notre chef et notre modèle, à genoux, ou le visage prosterné contre terre dans le Désert, dans le Temple, au Jardin des Olives; et y rendant hommage à son père, ou y priant pour le salut des hommes : et l'on finira, comme les Apôtres, par demander à ce divin Sauveur de nous enseigner à prier.

On réfléchira ensuite sur la nécessité de la Prière. Dieu est le premier et le plus parfait des êtres; il faut lui rendre hommage, et lui protester de notre dépendance. C'est lui qui nous a créés, qui nous conserve, qui nous a rachetés; il faut le remercier de ses bienfaits. Nous avons continuellement besoin de lui dans l'ordre de la nature et de la grâce; il faut lui exposer nos besoins, sur-tout, puisqu'il n'accorde presque rien qu'à la Prière. Enfin, nous sommes remplis de misères et de péchés;

il faut exciter sa compassion et réclamer son indulgence.

Les avantages de la Prière. C'est l'exercice du Christianisme le plus honorable, le plus utile, le plus délicieux. Le plus honorable : Par la Prière nous entrons dans la plus étroite intimité avec l'être le plus grand, le plus sage, le meilleur. *Qui est-ce qui est comme Dieu ?* Le plus utile : On obtient tout par la prière; *demandez, et vous recevrez*, dit Jésus-Christ. Le plus délicieux : *C'est une occupation angélique*, dit Saint-Jean-Chrisostôme ; *une anticipation du bonheur céleste*, dit Saint-Grégoire-le-Grand. Quelles douceurs on y goûte ! ou, si Dieu permet qu'on en soit privé, le témoignage d'être resté fidèle à la prière en tient lieu; et produit dans l'ame une paix plus sûre et plus durable.

Les conditions de la Prière. Elle doit être humble, à raison de notre néant, de nos péchés, de notre indignité. Confiante : rien n'honore Dieu davantage que de s'abandonner à lui sans réserve. Persévérante : *Il faut toujours prier*, dit J. C. Dieu aime qu'on lui fasse violence. Fervente : c'est le tribut du cœur que Dieu demande encore plus que celui des lèvres.

Saint-Ignace donne ici un avis important ; c'est de ne faire aucune prière, la plus courte même, sans se mettre auparavant en présence de Dieu, et sans jeter après un coup-d'œil sur la manière dont on l'a faite.

En faisant ces considérations, ou après les avoir faites, on s'humiliera d'avoir jusqu'à présent tiré si peu de profit de la prière : on examinera ce qui a pu nous la rendre inutile ; l'attachement a quelque passion, le défaut de foi ou de confiance ; et on prendra en conséquence quelques résolutions.

Le bouquet spirituel sera ces paroles de Saint-Augustin : *On vit bien quand on prie bien.*

IIᵉ. MÉDITATION.

Sur la Prière Vocale.

De toutes les prières, la Prière vocale étant la plus naturelle, la plus commune, la plus facile, elle fera le sujet de la deuxième Méditation. On y considérera sa nécessité, son utilité, la préférence qu'on doit donner à la prière publique sur les autres prières vocales, et à la prière commune sur la prière particulière; on finira par bien se pénétrer des différentes manières dont Saint-Ignace apprend à prier vocalement.

Après s'être mis en présence de Dieu, on se représentera J. C. enseignant lui-même à ses Disciples l'oraison dominicale; ou adressant quelque Prière vocale à son père, comme lorsqu'il ressuscita Lazare, ou dans la dernière cène, lorsqu'il fit le beau discours rapporté par Saint-Jean; on le priera enfin de nous aider à prendre une juste idée de la Prière vocale, afin qu'elle ne soit jamais inutile à notre ame.

Nécessité de la Prière vocale. La prière est une des parties du culte qu'on doit à Dieu ; si l'ame doit lui en payer le tribut, le corps le doit aussi à sa manière. D'ailleurs, quand on sent vivement, la langue a peine à n'être pas l'interprète du sentiment. C'est parce que David étoit vivement pénétré du repentir de ses fautes, de la connoissance de sa misère, de la grandeur de Dieu, de la reconnoissance due à ses bienfaits, qu'il a manifesté d'une manière si expressive tous ces sentimens dans ses sublimes et affectueux cantiques. Avec quelle énergie la plume d'un Augustin, d'une Thérèse, n'ont-ils pas aussi exprimé ce qu'ils sentoient pour le Dieu de leur cœur !

Utilité de la Prière vocale. La beauté des prières qui sont tirées des livres saints, ou que l'Église a composées, ranime la ferveur, et fournit au cœur des sentimens.

Préférence qu'on doit donner à la

prière publique sur les autres prières vocales. On prie dans le lieu saint, en présence du Saint des Saints, en communication avec les ministres sacrés qui sont députés pour ce saint exercice, en union avec un peuple nombreux, qu'on édifie, par des prières enfin que l'Église a elle-même consacrées à cet usage.

Préférence qu'on doit donner à la prière commune sur la prière particulière. Le foible participe aux prières du fort. *Là où il y en aura deux ou trois assemblés en mon nom*, dit J. C. *je serai au milieu d'eux.*

Outre la manière ordinaire de prier vocalement, Saint-Ignace en enseigne deux autres, bien faites pour ranimer notre ferveur et fixer notre esprit distrait à l'oraison.

La première consiste à réfléchir successivement sur chaque mot de la prière qu'on choisit à cette intention. Si c'est l'oraison dominicale, on s'arrête d'abord après ces mots, *mon père*; on en approfondit le sens, on y affectionne son cœur, on en tire quelques conclusions pratiques; et l'on ne passe au mot suivant que quand l'esprit et le cœur ne disent plus rien sur le précédent. Saint-Ignace exhorte à repasser de la même manière toutes les prières vocales qu'on a plus d'habitude de réciter; il souhaite qu'on y consacre une heure chaque fois; que lorsqu'elle est écoulée, on termine par dire la prière toute entière, quand même on n'auroit médité que sur un ou deux mots; et qu'on y ajoute un colloque affectueux à la personne à qui cette prière s'adresse. Dans une autre circonstance on continue, sur la même prière vocale, la même manière de prier, en reprenant au mot où en étoit resté. Cette méthode est aussi très-utile pour réveiller l'attention aux prières vocales qu'on a l'habitude de réciter.

La seconde manière prescrite par Saint-Ignace, et qui est aussi très-utile pour les fins que nous venons de dire, consiste, non plus à méditer sur chaque mot d'une prière vocale, mais à s'y arrêter seulement l'espace d'une seconde. On s'occupe alors du sens du mot qu'on prononce, ou de la personne à qui la prière s'adresse ; et l'on termine par un colloque à cette même personne.

L'intention du Saint n'est pas qu'on suive l'une ou l'autre de ces manières dans ses prières d'obligation, comme l'office divin, les prières imposées par le Prêtre au tribunal de la pénitence. On doit réciter celles-ci couramment, mais sans précipitation ; entièrement, sans rien omettre de ce qui est prescrit ; distinctement, articulant tous les mots ; attentivement, en pensant au sens des paroles, ce qui est mieux ; ou, ce qui suffit, en s'unissant à Dieu par quelques sentiments.

On s'humiliera, à la fin de cette méditation, d'avoir fait tant de Prières vocales inutiles. *Ce peuple m'honore des lèvres*, dit le Seigneur dans Isaïe ; *mais son cœur est loin de moi.* On prendra la résolution de ne plus *faire l'œuvre de Dieu négligemment.*

Le bouquet spirituel sera ces paroles du Psalmiste : *Je vous exposerai, ô mon Dieu, les désirs de mon cœur; et mes lèvres seront l'interprète de mes sentimens.*

IIIe. MÉDITATION.

Sur l'Oraison Mentale.

S'IL est plus ordinaire de prier vocalement, il est infiniment utile de le faire mentalement; l'Oraison mentale sera donc le sujet de la troisième Méditation. On en considérera l'utilité, la facilité, et les différentes manières dont le Saint apprend à la faire; manières qui renferment des choses neuves et très-utiles.

Après s'être mis en présence de Dieu, on considérera J. C. méditant au Jardin des Olives sur sa mort prochaine, la volonté de son père qui la demandoit, le salut des hommes qui l'exigeoit; s'affectionnant à ces deux motifs, et faisant généreusement le sacrifice de sa vie. *Fiat.* On le priera ensuite de nous apprendre à méditer comme il le fit alors.

Utilité de l'Oraison mentale. Elle nous fait approfondir les vérités de la Religion, nous y affectionner, nous appliquer ce qu'elles ont de pratique, et prendre en conséquence pour notre réforme spirituelle des résolutions générales et particulières.

Facilité de faire l'Oraison mentale. Nous y parlons à Dieu, qui ne désire rien tant que de se communiquer aux hommes; nous lui parlons de sa gloire et de notre salut, deux choses qui l'intéressent extrêmement; comment ne nous aideroit-il pas dans ce commerce avec lui? Ces deux objets, d'ailleurs, sont à la portée de l'enfant qui a atteint l'âge de la raison, et de l'homme le moins propre aux sciences, parce que Dieu veut qu'ils s'en occupent, et qu'il sait suppléer par sa grâce à la foiblesse de leur intelligence. *L'affaire du salut,* dit Saint-Augustin, *se traite plus par les gémissemens et les larmes, que par les beaux discours.* Soumission d'esprit, docilité de cœur, tout est fait à l'oraison.

Manière dont Saint-Ignace enseigne à faire Oraison.

Il veut d'abord comme un préliminaire essentiel :

1°. Qu'avant de se mettre à l'Oraison, on en lise le sujet, pour s'en bien pénétrer. Ce seroit tenter Dieu que de se présenter devant lui sans savoir ce dont on doit lui parler. Il est d'ailleurs nécessaire de le faire dans cette retraite, où l'ignorance de choses qui y sont marquées, en empêcheroit le fruit.

2°. Comme les choses sensibles font toujours plus impression, le Saint veut qu'on tire parti, pour faire son Oraison, des objets extérieurs qui y ont trait. En conséquence, il recommande qu'éloigné de quelques pas de l'endroit où l'on doit faire oraison, on s'arrête quelques instants, et à diverses reprises, pour se rappeler ce qu'on va faire : « Encore quelques moments, et je vais paroître à l'audience du plus grand des rois ; je lui parlerai des choses qui m'intéressent le plus : dans quelles dispositions dois-je le faire? » Il veut aussi qu'on commence son oraison dans la posture la plus analogue aux sentiments qui doivent y occuper ; assis, debout, à genoux, prosterné, suivant qu'on est affecté. Il avertit cependant de ne pas changer de posture, lorsque le cœur se livre au sentiment, de peur de troubler l'opération de l'esprit Saint ; cependant il désire qu'on prenne la plus humble, quand on veut faire violence à Dieu, pourvu que les circonstances permettent de la prendre.

Après ces préliminaires, la première chose qu'il recommande, est l'oraison préparatoire, qu'il réduit à une vive élévation de cœur vers Dieu : « Dieu est ici ; je vais lui parler, il me parlera ; c'est mon roi, mon sauveur, mon juge, etc. »

La deuxième, sont les préludes, au nombre de deux au moins. Le premier, est la représentation du lieu qui convient au sujet ; si le sujet est la naissance de J. C., le lieu sera l'étable de Bethléem ; si le sujet est le baptême de J. C., le lieu sera les bords du Jourdain ; et ainsi des autres. On ne se borne même pas à se représenter le lieu ; on s'imagine voir, entendre, toucher les personnes qui ont part au mystère ; on se figure les traits de leur visage, leur habillement, leur posture ; on se fait une idée du ton de leur voix : il est certain que l'imagination frappée remue davantage le sentiment. Quand le sujet ne tombe pas sous les sens, la construction du lieu se fait par ce qui y est plus analogue ; par exemple, si l'on médite sur le péché, on peut se représenter Adam balançant sur la proposition qu'Ève lui fait de manger du fruit défendu ; cédant à la tentation par foiblesse et avec remords, et livré ensuite à la honte et au trouble. Saint-Ignace regarde la représentation du lieu comme une chose essentielle. Le deuxième prélude est une prière relative au fruit qu'on veut tirer du sujet. On adresse cette prière à Dieu, ou à une personne de la Sainte-Trinité, ou à la Sainte-Vierge, ou aux Saints qui ont trait aux sujets.

La troisième chose que le Saint conseille pour bien faire l'oraison, c'est de se rappeler les principaux points du sujet. C'est l'office de la mémoire.

La quatrième, c'est d'approfondir par la réflexion chacun de ces points, et d'en tirer par le raisonnement les conséquences convenables.

La cinquième, c'est d'y fixer sa volonté. C'est là le point essentiel; et si dès les premiers moments le Saint-Esprit s'empare du cœur et le touche, il faut quitter son livre, abandonner ses réflexions, et se laisser aller à l'impulsion divine. Lorsque le cœur ne dit plus rien, on reprend son sujet.

La sixième, est de s'appliquer ce qui peut convenir dans le sujet. On peut le faire de cette manière : « Qu'ai-je été sur ce que je viens de lire, depuis que j'ai l'âge de raison? Que suis-je maintenant? Que faudroit-il que je fusse à l'avenir? » Cette manière sera très-utile pour se connoître à fond, et se réformer pendant la retraite.

La septième, est de ne pas terminer l'oraison sans prendre des résolutions, non seulement générales, mais particulières, et pour la journée. Sans cela on ne se réforme jamais : « A quoi ai-je à prendre garde aujourd'hui sur cet objet ? »

La huitième, est un colloque ou entretien familier, comme d'ami à ami. On fait ce colloque avec les mêmes personnes dont il a été question dans le second prélude. Tantôt on demande une grâce ; tantôt on s'accuse de ses fautes ; on expose ses idées, ses sentiments, ses peines, ses doutes, etc. Saint-Ignace regarde le colloque comme aussi essentiel que les deux préludes.

La neuvième. Il veut qu'on termine son oraison par une courte prière vocale, comme le *Pater*, qu'on adressera à la première personne de la Trinité ; l'*Anima Christi*, (1) à J. C. ; le *Veni*

---

(1) Cette Prière a été composée par S. Ignace ; elle se trouve immédiatement avant la Table des Titres.

Sancte, au Saint-Esprit ; l'*Ave Maria*, à la Sainte-Vierge, etc. Il veut aussi qu'on jette un coup-d'œil sur la manière dont on a fait l'oraison, remerciant Dieu des grâces et des lumières qu'il nous a données ; s'humiliant, si l'on a quelque chose à se reprocher. Il sera bon de choisir, pour ce qu'on appelle bouquet spirituel, la pensée la plus saillante qui a frappé pendant l'oraison. Cette pratique sert à en conserver le fruit pendant la journée.

Saint-Ignace veut que l'Oraison dure à-peu-près une heure ; qu'on ajoute quelque chose à ce temps, plutôt que d'en retrancher ; se souvenant que le Démon a mille prétextes pour nous faire abréger le temps de la prière.

Quand on a fait de cette manière oraison sur un sujet, le Saint conseille, pour en tirer plus de fruit, de la recommencer sur le même sujet d'une autre manière, qu'il appelle *l'application des Cinq Sens*. Il dit que cette manière fixe davantage l'attention, donne des idées plus vives, produit des

Méditations Préliminaires. 19

sentiments plus affectueux, et fait prendre des résolutions plus efficaces. Voici en quoi elle consiste. Après avoir lu son sujet d'oraison, s'être arrêté quelques pas avant d'entrer dans le lieu où on doit la faire, s'être mis en présence de Dieu, avoir fait les deux préludes, on s'imagine, comme si on continuoit le premier de ces préludes, voir les personnes qui ont trait au sujet de l'oraison. Si l'on médite sur la naissance de J. C., on croira voir ce Divin Enfant enveloppé de langes, couché dans une crèche, ayant à ses côtés la Sainte-Vierge et Saint-Joseph, plus loin les Bergers ou les Mages, et dans le Ciel une troupe d'Anges chantant : « Gloire à Dieu, au plus haut des cieux ! » On remarquera ce qui est particulier à chacune de ces personnes, et le profit spirituel qu'on en peut tirer ; voilà pour la vue. Pour l'ouïe, on croira entendre ce qu'elles dirent alors, ou ce qu'elles durent dire, s'appliquant chacune de leurs paroles. Pour le toucher, on croira les embrasser, baiser leurs pieds, leurs mains, leurs vêtemens, les traces de leurs pas, pour s'exciter à une dévotion plus tendre à leur égard, et en tirer quelque profit spirituel. Pour le goût et l'odorat, on pensera à l'ineffable suavité, à l'aimable douceur du Divin Enfant, de sa Sainte-Mère, des autres personnes; ainsi le plaisir qu'on éprouve auprès d'une mère, d'un ami, d'un époux, agit-il sur les sens les plus oisifs. On termine cette manière d'oraison, comme la précédente, par des résolutions, un colloque, une courte prière vocale, l'examen de ce qu'on y a fait, le bouquet spirituel.

Saint-Ignace donne ici un avis bien utile, quand on a fait l'oraison de l'une ou de l'autre de ces deux manières, ou de toutes les deux, sur un même sujet; il conseille de la répéter deux, trois, et jusqu'à quatre ou cinq fois. Ces répétitions, sous la direction du Saint et de ses enfants, ont fait produire aux exercices spirituels les effets les plus merveilleux. C'est au directeur de la retraite à marquer combien de fois on doit répéter ainsi le même sujet. Ainsi, dans une maladie grave, un médecin habile qui a vu le bon effet d'un remède, l'ordonne plusieurs fois pour assurer la guérison de son malade. On se rappelle chaque fois les idées, les sentiments qu'on a eus dans les oraisons précédentes ; on se les inculque davantage dans l'esprit et dans le cœur ; les résolutions qu'on a prises, et l'on s'y affermit. Le Saint veut encore que, lorsqu'on a médité divers sujets qui ont ensemble de la connexion, on les médite conjointement.

Remercions Dieu ici d'avoir inspiré à Saint-Ignace tout ce qu'on vient de voir sur la manière de faire oraison ; proposons-nous de le mettre en pratique dans l'occasion ; et faisons-en toujours une grande estime.

Le bouquet spirituel sera ces paroles de David : *C'est dans la méditation que mon cœur s'enflammera pour Dieu.*

IVᵉ. MÉDITATION.

Sur les Lectures Spirituelles.

On n'a pas toujours le temps de faire oraison, et il faut se contenter quelquefois de faire une Lecture spirituelle. On considérera ici leur utilité et la manière d'en profiter.

Après s'être mis en présence de Dieu, on se représentera l'Esprit Saint suggérant aux maîtres de la vie spirituelle la pensée d'écrire les livres édifiants qu'ils nous ont laissés ; et eux, dociles à sa voix, prenant la plume pour mettre par écrit ce qu'il leur suggéroit. Dans le second prélude, on suppliera ce Divin Esprit de nous aider à profiter de leur travail ; on se mettra, à cette intention, sous la protection de ces pieux auteurs qui jouissent dans le Ciel de la récompense due à leur zèle.

Utilité des Lectures spirituelles. Elles nous instruisent, ou au moins nous empêchent d'oublier les dogmes de la Religion et les maximes de la morale évangélique; elles fixent la légèreté de notre imagination, lorsque l'esprit en est importuné à l'oraison; et elles suppléent pour les gens grossiers à la pratique de cet exercice.

La meilleure manière de faire ces Lectures, est celle qui rapproche le plus de la manière de faire oraison. Après l'oraison préparatoire et les deux préludes que le titre du livre ou du chapitre peut aider à faire, on commence sa lecture. On la fait doucement pour n'en laisser rien échapper; mais sans s'arrêter, puisqu'ordinairement le temps en est limité. On réfléchit ensuite quelques moments sur ce qu'on a lu; on y affectionne son cœur; on prend des résolutions générales et particulières; et on termine par un colloque, une courte prière, l'examen de la manière dont on a fait cette lecture.

Le bouquet spirituel sera ces paroles du livre des Cantiques: *Mon ame s'est ouverte, dès que mon bien-aimé m'a parlé;* ou celles-ci des Actes des Apôtres : *Ils écoutoient avec avidité la parole de Dieu.*

Si, pour remplir le temps de la retraite, on avoit besoin de faire quelques lectures, on les choisiroit, la première semaine, dans l'Imitation de J. C.; la deuxième, dans l'Évangile, suivant le sujet qu'on doit méditer; la troisième, dans la Passion de J. C.; la quatrième, dans ce que les livres Saints disent de J. C. depuis sa résurrection. Si on désiroit quelques livres d'histoire on prendroit la Vie de Saint-Ignace, ou celle de Saint-François Xavier, si purement écrites par le P. Bouhours; ou quelqu'autre vie relative à l'âge ou à l'état de celui qui fait sa retraite. Mais si la retraite n'est que de huit, dix ou quinze jours, on ne doit pas avoir beaucoup de temps pour faire d'autres lectures. Alors, on se contenteroit, pour varier, de lire la Vie des Saints que nous venons d'indiquer; ou on repasseroit les choses qu'on a déjà vues dans cette retraite.

V[e].

Vᵉ. MÉDITATION.

Sur l'Examen Particulier.

Quelque vertu qu'aient pour nous aider à nous corriger de nos défauts, les retours que nous faisons sur nous-mêmes dans l'Oraison et après la Lecture spirituelle, Saint-Ignace propose un moyen plus efficace encore pour parvenir au même but; celui de l'Examen particulier. S'il ne l'a pas imaginé le premier, il en a bien perfectionné la pratique. On examinera en quoi il consiste, quels en sont les avantages, et quelle est la manière dont il apprend à le faire.

Après s'être mis en présence de Dieu, on se représentera les Israélites dans la conquête de la Terre Sainte, attaquant, suivant l'ordre de Dieu, leurs ennemis l'un après l'autre, afin d'en triompher plus sûrement. On priera, dans le second prélude, Saint-Ignace, le restaurateur de l'Examen particulier, de nous aider à le bien faire.

L'Examen particulier a pour but de triompher du vice qui nous domine davantage, en l'attaquant seul et le combattant sans relâche deux ou trois fois par jour, jusqu'à ce que nous nous en soyons notablement corrigés. Lorsqu'on a ainsi triomphé d'une de ses passions, on en attaque une autre, pour en triompher de même.

Les avantages de l'Examen particulier sont de nous corriger plus aisément de nos défauts; et, en en attaquant les principaux, de nous rendre victorieux presque sans effort de ceux qui sont moins considérables, et qui tiennent aux premiers. *Nous serions bientôt parfaits*, dit l'auteur de l'Imitation, *si tous les ans nous déracinions de notre ame un seul vice.* C'est par l'Examen particulier que Saint-Ignace est parvenu à une si grande pureté de conscience, à une connoissance si parfaite de ses dispositions intérieures, et à un si grand empire sur tous les mouvemens de son cœur.

Manière de faire l'Examen particulier. On choisit le vice le plus dominant, celui dont les suites sont plus fâcheuses, soit par le nombre et la gravité des fautes qu'il fait commettre, soit par le danger du salut auquel il expose. On ne l'attaque pas en général et dans toutes ses branches, mais seulement dans la principale et la plus dangereuse. A la prière du matin, on se rappelle le sujet de son Examen particulier, on prévoit les occasions qu'on pourroit avoir, dans la journée, de tomber dans la faute dont on veut se corriger; on demande à Dieu d'y résister, et l'on dit, à cette intention, un *Pater* ou un *Ave*. Avant ou après dîner, on examine combien de fois on y est tombé, parcourant les heures qui se sont écoulées depuis le matin; on s'en humilie devant Dieu; on renouvelle les résolutions du matin. Le soir on recommence le même examen; et l'on marque chaque fois sur un papier le nombre des fautes qui sont échappées. Le Saint veut qu'on dispose d'avance ce papier, en traçant deux lignes pour chaque jour de la Semaine, sur lesquelles on marque par un trait le nombre de ses fautes. Avant de se coucher, on compare la ligne du soir à celle du matin; le lendemain, celles du jour à celles du précédent; au bout de quinze jours, celles de la seconde semaine à celles de la première, afin de juger des progrès qu'on a faits. Il observe que les dernières lignes de la semaine doivent être plus courtes que les premières, parce qu'il est juste que le nombre des fautes diminue à mesure qu'on avance pour les jours.

Dim. ―――――――――――

Lun. ―――――――――――

Mar. ―――――――――――

Mer. ―――――――――――

Jeu. ―――――――――――

Ven. ―――――――――――

Sam. ―――――――――――

Si le progrès n'est pas tel qu'on l'espéroit, il ne faut pas se décourager. Que seroit-ce donc, si l'on ne faisoit pas cet Examen ? Il faut s'imposer une pénitence pour chaque faute, ne fût-ce qu'un acte de contrition qu'on dit quand on s'apperçoit de la faute. Lorsqu'on a fait quelque progrès notable, on passe aux autres branches du vice dominant.

A la fin de cette Méditation, il faut remercier Dieu des détails qu'il a suggérés à Saint-Ignace sur cet objet; prendre la résolution de ne pas manquer chaque jour à faire son Examen particulier, au moins le soir après l'Examen général; et demander au directeur de sa conscience le vice qu'on doit combattre le premier, et la permission de lui rendre compte du progrès qu'on y fait.

Le bouquet spirituel sera ces paroles de Jérémie : *Examinons notre conduite, faisons la recherche de nos actions, et retournons au Seigneur.*

VIᵉ. MÉDITATION.

Sur la Tempérance et les Mortifications Corporelles.

Pour bien profiter de la retraite, il ne suffit pas de régler ce qui regarde l'ame, il faut encore régler ce qui regarde le corps; d'autant plus que, depuis le péché d'Adam, c'est un esclave indocile qui se révolte presque toujours contre son maître. Pour l'empêcher donc de prendre sur l'ame aucun empire, et même le réduire en servitude, Saint-Ignace a laissé dans ses Exercices des règles sur la Tempérance et les Mortifications corporelles. Ces règles sont utiles en tout temps, mais bien plus pendant la retraite, afin de lever tout obstacle aux opérations de la Grâce.

Premier Point.

Sur la Tempérance.

La Tempérance règle ce qui est nécessaire par rapport au corps. Après s'être mis en présence de Dieu, on se représentera le Sauveur du monde et sa Sainte-Mère, n'excédant jamais en rien dans les besoins corporels; on les suppliera, dans le second prélude, de nous aider à n'excéder jamais en rien par rapport au même objet.

Nécessité de la Tempérance. Elle conserve la santé; elle tient le corps dans la dépendance; elle laisse plus de liberté aux fonctions de l'ame.

Manière dont Saint-Ignace enseigne à la pratiquer. Il veut, 1°. qu'on se retranche moins sur le pain; c'est la nourriture la plus nécessaire et qui flatte moins le goût: 2°. qu'on se modère davantage sur le vin, qu'on en retranche le superflu, parce qu'il prête à la concupiscence: 3°. qu'on se modère de même sur les mets recherchés; qu'on se contente des plus communs, qui prêtent moins à la tentation: 4°. qu'avant le repas on prévoie ce qui peut suffire pour la nourriture; qu'on s'essaie de différentes manières pour en régler la juste mesure: 5°. quand on l'a réglé, que loin d'y ajouter, on en retranche plutôt, afin de mieux triompher de soi-même. Ces deux avis peuvent souffrir des modifications pour les jeunes gens, les infirmes, les vieillards, et ceux qui se trouvent dans des circonstances extraordinaires : 6º. il faut prendre garde, en mangeant, de le faire d'une manière précipitée ; ce qui nuiroit à la santé, et nous rapprocheroit de la manière de manger des animaux : 7º. s'occuper pendant le repas de la manière dont J. C. et la Sainte-Vierge s'y comportoient, ou écouter quelques bonnes lectures. L'Esprit saintement distrait, empêche le corps de se livrer à ses appétits déréglés.

Il faut appliquer les mêmes avis au sommeil, au délassement, à la manière de s'habiller ; ayant égard aux circonstances différentes où l'on se trouve.

IIe. Point.

Sur les Mortifications Corporelles.

Après s'être renouvelé dans la sainte présence de Dieu, on se représentera J. C. manquant de tout à Bethléem, ayant faim dans le désert, ayant soif sur le puits de Jacob, n'ayant pas quelquefois où reposer sa tête, souffrant au prétoire une flagellation cruelle; dans le second prélude, on suppliera ce divin Sauveur de nous donner le même courage qu'il a donné aux Saints, qui ont toujours cru devoir suppléer dans leur chair mortelle, à ce qui manquoit à ses souffrances.

Utilité des Mortifications corporelles; qui nous rendent semblables à Jésus souffrant, qui assujettissent l'homme charnel à l'homme spirituel, qui nous font expier nos péchés, nous donnent plus de droits à la gloire éternelle, et nous obtiennent la componction du cœur, le don des larmes, la joie spirituelle, les lumières dans nos doutes et les autres grâces dont nous avons besoin.

Manière de les pratiquer. Il n'est pas question ici de retrancher le superflu, ce ne seroit que tempérance ; mais de se priver d'une partie du nécessaire. Plus on donne à ces privations, plus elles sont méritoires, pourvu que la santé et les devoirs d'obligations n'en souffrent pas. Voici les règles que Saint-Ignace donne pour y procéder. 1°. Quant à la nourriture, si la tempérance a retranché le superflu, il y a peu à donner à la mortification, excepté dans des circonstances extraordinaires, comme les temps de pénitence, de calamités, de grâces particulières à obtenir ; mais ce peu, on doit se le retrancher à chaque repas, si ce n'est pas sur la quantité, au moins sur la qualité, pourvu que cela se fasse sans affectation. 2°. Quant au sommeil, si le temps en est bien réglé, il faut encore n'en retrancher que peu de chose ; il est nécessaire pour réparer nos forces. 3°. Quant à la chair, pour lui faire éprouver quelque douleur, on peut faire usage d'instruments de pénitence, prenant garde que la douleur n'aille pas jusqu'aux os, ce qui nuiroit à la santé. Presque tous les Saints que l'Église honore ont fait usage des instruments de pénitence, comme on peut le voir dans le procès-verbal de leur canonisation. Le Saint donne ici deux avis importants : le premier, de varier ces sortes de Mortifications, pour mieux connoître celles qu'on peut porter sans danger ; le second, de ne rien faire sans l'avis d'un directeur éclairé. Il observe encore, sur les Mortifications corporelles, que la crainte de souffrir porte le plus grand nombre à n'en faire aucune, et qu'un zèle peu réglé porte les autres à en faire d'excessives.

Avant de terminer cette méditation, il faut examiner ce qu'on a à se reprocher sur les deux points qui la partagent. « Ne donné-je à mon corps que ce qui lui est nécessaire ? Ai-je jamais donné quelque chose à la Mortification, ou ne lui ai-je pas donné trop? Qu'ai-je à faire à l'avenir de ces deux côtés? »

Le bouquet spirituel sur la Tempérance sera ces paroles de l'Apôtre : *Ne laissez pas appesantir vos corps par l'excès des viandes et du vin;* et, sur les Mortifications corporelles, celles-ci du même Apôtre : *Je châtie mon corps, et le réduis en servitude.*

VIIe. MÉDITATION.

Des Scrupules.

Du moment où on veut se donner à Dieu, le Démon, dit Saint-Ignace, cherche à détourner de ce projet par mille inquiétudes fatiguantes et mal fondées. C'est ce qu'on appelle *Scrupule*. On examinera ici le tort que le Scrupule fait à l'ame, et la manière dont il faut s'y prendre pour s'en débarrasser.

Après s'être mis en présence de Dieu, on se le représentera comme un bon Père qui veut être servi par ses enfants avec liberté et par amour, et non dans un esprit de servitude et de crainte, qui ne convient qu'à des esclaves : et on le suppliera, dans le second prélude, de nous apprendre à marcher devant lui avec simplicité et avec confiance.

Le Scrupule fait tort à l'ame qu'il rétrécit, qu'il dessèche, qu'il dégoûte de la vertu, à qui il rend le salut plus difficile. Cependant on remarquera avec Saint-Ignace, qu'au commencement d'une conversion il ne laisse pas de lui être utile, parce qu'il sert à la purifier davantage, en lui faisant haïr jusqu'à l'apparence du mal. Ce qui faisoit dire à Saint-Grégoire-le-Grand : *Qu'il est d'une belle ame de trouver du péché où il n'y en a pas.*

Règles que Saint-Ignace donne pour se débarrasser du Scrupule. Il faut 1°. se mettre en garde contre les vaines craintes que le Démon suggère pour troubler l'ame. On doit relâcher la conscience, quand il la resserre; comme on doit la resserrer, quand il la relâche. 2°. Toutes les fois qu'on veut dire ou faire quelque chose qui n'est pas contraire à la doctrine de l'Église et à la tradition des Pères, et qu'on croit propre à procurer la gloire de Dieu, si le Démon cherche à en dissuader dans la crainte d'agir par vaine gloire ou par quelqu'autre mauvais motif, il faut élever son cœur à Dieu ; et s'il paroît que ce qu'on projette est pour sa gloire, ou seulement n'y est pas contraire, il faut se roidir contre la pensée qui trouble, passer hardiment à l'exécution, en répondant à l'ennemi du salut, comme Saint-Bernard : *Je n'ai pas commencé pour toi, je n'interromperai pas pour toi.*

À ces règles nous ajouterons celles-ci. Si le Scrupule est une épreuve à laquelle Dieu nous met, il faut se résigner à cette épreuve, et ne rien faire pour l'entretenir : si le Scrupule vient d'ignorance, il faut chercher à s'instruire : s'il vient du tempérament, il faut user de remèdes, et se distraire : s'il vient de vivacité d'imagination, il ne faut pas se hâter d'examiner ce qu'on a à faire, mais patienter avec soi-même et prier; lorsque l'ame est plus tranquille, on ramasse les raisons pour et contre qui n'ont pas manqué de se présenter, et on les pèse: dans les cas ordinaires, il faut prendre soi-même son parti; Dieu a égard à la droiture de l'intention : dans les cas extraordinaires, on consulte des personnes éclairées: dans les cas pressés, on s'attache aux principes de solution qu'on a reçus dans l'occasion pour la tranquillité de son ame; Dieu bénit toujours la droiture d'intention et l'obéissance : quand on a pris soi-même son parti, ou qu'on a été décidé par l'autorité, il faut mépriser tout ce qui revient contre, s'attendre qu'il reviendra quelque chose, se supporter dans ces retours, et ne plus rien examiner, à moins qu'il ne revienne certainement quelques observations nouvelles.

Le bouquet spirituel sera ces paroles du sage ; *Celui qui marche avec simplicité, marche avec confiance.*

VIIIe. MÉDITATION.

Sur le Discernement des Esprits.

Pour se précautionner encore mieux contre les piéges du Démon, et discerner sûrement les motifs qui font agir en chaque circonstance, Saint-Ignace a laissé des règles pour ce qu'il appelle *le Discernement des esprits.* Elles sont contenues en deux chapitres. Mais le second ne convenant guère aux commençants, il le réserve pour la seconde semaine de la retraite. Nous nous en tiendrons donc ici à celles qui sont contenues dans le premier, après avoir réfléchi quelques instants sur leur utilité.

Après s'être mis en présence de Dieu, on se représentera Saint-Ignace retenu au château de Loyola par les suites de la blessure qu'il avoit reçue au siége de Pampelune, et commençant à discerner dans les différents mouvements, qu'il sentoit, de renoncer ou de se livrer encore aux vanités du monde, les différents esprits qui ont coutume de nous faire agir; les appréciant ensuite plus particulièrement dans l'oraison, lorsqu'il fut converti; et mettant par écrit, dans sa solitude de Manreze, pour son instruction et celle des autres, ce qu'il y avoit remarqué de différent. Dans le second prélude on remerciera le Saint-Esprit de l'avoir dirigé dans les règles qu'il en a laissées, et on le priera de nous aider à y être fidèles.

Utilité de ces règles, qui servent à discerner sûrement la voix de Dieu de celle de l'Esprit de ténèbres, lequel se change quelquefois en Ange de lumière; à les discerner, dis-je, malgré les prestiges de l'imagination, l'attrait des objets sensibles, la violence des passions.

Règles pour le Discernement des Esprits.

1°. La méthode ordinaire du tentateur, à l'égard de ceux qui tombent facilement dans le péché mortel, est de leur présenter sans cesse l'attrait du plaisir et les charmes de la volupté, pour les y enfoncer davantage. Au contraire, l'Esprit Saint trouble leur conscience, et cherche à les détourner du crime par les reproches intérieurs qu'il leur fait, et les remords cuisants qu'il leur donne. Sur quoi on peut remarquer, que pour peu qu'on écoute les remords, ils perdent de leur amertume; et que Dieu récompense toujours par quelques douceurs spirituelles les premiers pas que le pécheur fait pour retourner à lui.

2°. Quant à ceux qui veulent sincèrement se corriger et s'attacher à Dieu, l'esprit malin a coutume de jeter dans leur ame des inquiétudes, des scrupules, des tristesses, et de leur mettre dans l'esprit mille faux raisonnements pour les troubler, et empêcher ou retarder leurs progrès dans la vertu. On s'agite, on se porte aux choses extérieures; on se dégoûte des choses spirituelles; la foi s'affoiblit, l'espérance s'abat, la charité se refroidit; et l'ame tombe dans l'accablement, l'indolence et presque le désespoir. Le

Saint appelle cet état désolation spirituelle. Au contraire, c'est le propre du bon esprit de fortifier, d'encourager, de consoler ceux qui vivent bien, de les attendrir jusqu'aux larmes, d'éclairer leur esprit, de répandre l'onction et la paix dans leur cœur, d'aplanir toutes les difficultés, de lever tous les obstacles qu'ils rencontrent dans le chemin de la vertu. On sent alors augmenter en soi la foi, l'espérance, la charité, le dégoût du monde, le désir des choses de Dieu, le soin de son salut et de sa perfection ; c'est ce qu'il appelle consolations spirituelles. Ces consolations sont ordinairement passagères, parce que, comme dit Job, *la vie de l'homme sur la terre est un combat continuel* : mais le souvenir de ces consolations a quelque chose de délicieux pour l'âme ; et sert, comme nous le dirons bientôt, à la soutenir au fort de la tentation.

3°. La désolation spirituelle peut venir de notre tiédeur dans le service de Dieu. Pour nous punir, Dieu nous prive de ses consolations. Quelquefois son dessein est de nous faire sentir comment, au fond, nous sommes disposés à son égard; et si ce n'est pas la seule douceur de ses consolations, et par conséquent notre propre intérêt qui nous attache à lui. Ou bien, en nous abandonnant à nous-mêmes, il veut éprouver comment nous résisterons à l'ennemi avec nos propres forces, soutenues cependant de sa Grâce, qui, si elle n'a rien de sensible, ne nous manquent jamais au besoin. Peut-être enfin, Dieu veut-il nous convaincre que la consolation sensible ne dépend pas de nous, qu'elle est un don purement gratuit dont on ne peut tirer vanité : sur quoi on peut remarquer combien Dieu est ennemi de l'orgueil et de la vaine complaisance, puisque c'est comme à ses dépens qu'il nous en détourne; aimant mieux être mal servi dans le trouble avec humilité, que de l'être mieux avec vanité dans la consolation.

4°. Dans la désolation, qui vient toujours du mauvais esprit, il ne faut jamais prendre de parti, ni rien changer à ses résolutions et à son réglement de vie; tant que cet état dure, il faut s'en tenir à ce qui a été décidé auparavant, sur-tout dans le moment de la consolation, pendant lequel c'est l'Esprit Saint qui nous dirige. Lorsque le calme sera revenu, on jugera mieux de ce qu'on a à faire.

5°. Quoiqu'il ne faille pas prendre de parti dans le moment du trouble, il est bon d'essayer d'en modérer ou d'en prévenir l'effet, par la prière, la lecture, ou au moins des oraisons jaculatoires. On peut aussi faire quelques pénitences corporelles; mais sur-tout il faut veiller plus exactement sur soi-même. Le Démon se retire, quand il voit qu'il perd plus qu'il ne gagne à nous tenter, et qu'on fait plus de vertu dans la guerre que dans la paix.

6°. La vertu la plus nécessaire dans la désolation, est la patience et le support de soi-même. Cette vertu est diamétralement opposée au but que le Démon se propose en nous jetant dans le trouble; son but est de nous faire tout abandonner. Il est bon aussi de s'exciter alors à l'espérance du prompt retour de la consolation, espérance d'autant plus solide, qu'on sera plus fidèle à la règle précédente. *Après la tempête, vous faites le calme, Seigneur*, disoit Tobie; *après les larmes et les pleurs vous répandez la joie dans l'ame. Que votre nom, ô Dieu d'Israël, soit béni dans tous les siècles.*

7°. Il faut prévoir, dans le temps de la consolation, comment on se conduira pendant celui de la désolation, et faire, si l'on peut s'exprimer ainsi, provision de courage. Il faut sur-tout s'humilier en pensant combien on sera foible dans l'épreuve, si Dieu ne daigne nous soutenir par sa grâce et nous rendre même quelques-unes de ses douceurs. Au contraire, dans le temps de la désolation, il faut ne pas oublier qu'on peut tout avec la grâce, pourvu qu'on la demande avec confiance.

8°. L'ennemi du salut, dit Saint-Ignace, est du caractère qu'on attribue ordinairement aux femmes, c'est-à-dire aussi opiniâtre que foible. Et de même qu'une femme en querelle avec son mari, perd courage et cède bientôt quand elle le voit parler avec fermeté ; tandis que s'il paroît timide, elle redouble d'audace et de fierté : de même le Démon perd de son acharnement, et se retire confus et humilié, quand il rencontre un athlète spirituel qui se présente hardiment au combat ; tandis que s'il apperçoit que son adversaire tremble au premier choc, il s'acharne à sa perte, et ne quitte prise que quand il l'a précipité dans le péché. *Tout furieux qu'est le Démon*, dit Saint-Augustin, *il ne peut nous faire que le mal que nous voulons.*

9°. Saint-Ignace compare encore l'ennemi du salut à un jeune homme épris d'une folle passion pour une demoiselle honnête. Dès qu'il lui a déclaré sa passion, il n'a rien tant à cœur que d'engager cette jeune personne à cacher à sa mère les avances qu'il lui a faites, persuadé que l'ouverture qu'elle lui en feroit, déconcerteroit tous ses projets. Un des grands artifices du Démon est de nous engager à tenir secrètes nos tentations; il est déconcerté quand nous nous en ouvrons à un directeur habile. Cette ouverture est nécessaire sur-tout aux commençants et aux personnes qui ont des peines intérieures; ce n'est qu'en s'ouvrant qu'elles triomphent de la tentation et des peines d'esprit.

10°. L'ennemi du salut, dit encore Saint-Ignace, imite un général habile, qui voulant se rendre maître d'une citadelle, en examine les forces du côté de l'art et de la nature, afin de l'attaquer par l'endroit le plus foible. Quand le Démon veut nous faire offenser Dieu, il observe notre passion dominante, la vertu où nous sommes plus foibles, et il nous attaque de ce côté : il faut donc aussi être plus en garde de ce côté et y diriger tous nos moyens de défenses.

On examinera ce qui nous regarde dans toutes ces règles. On prendra des résolutions convenables : il est bon de lire souvent ces règles.

Le

Le bouquet spirituel sera ces paroles de Saint-Jean : *Ne croyez pas à tout esprit, mais éprouvez si l'esprit vient de Dieu.*

IXe. MÉDITATION.

Sur l'Habitude de la présence de Dieu, de la Vigilance et des Oraisons Jaculatoires.

Jusqu'ici nous avons donné des règles pour s'entretenir avec Dieu, se poursuivre dans ses défauts, empêcher le corps de prévaloir sur l'esprit, se garantir des illusions du Démon : ces règles ont un temps pour leur accomplissement ; mais comment se soutenir dans le cours de la journée, par rapport à ses autres devoirs, et observer avec fidélité les points déjà expliqués ? C'est par la sainte habitude de la Présence de Dieu, de la Vigilance et des Oraisons jaculatoires. Nous dirons un mot de leurs avantages, et nous en indiquerons ensuite la pratique.

Après s'être mis en présence de Dieu, nous nous imaginerons comme Adam le voir sous une forme sensible, ou comme les Apôtres voyoient J. C. pendant les trois années de sa prédication évangélique. Oh! combien sa sainte Présence nous eût engagés à veiller davantage sur nous-mêmes, et avec quelle satisfaction nous lui eussions exprimé de temps en temps nos sentiments! Nous le prierons, dans le second prélude, de nous persuader de l'utilité de sa sainte Présence, de la Vigilance, et de l'union continuelle avec lui.

On se rappellera sur la Présence de Dieu tout ce que la foi et la raison nous en apprennent de concert; un Dieu qui remplit tout de son immensité, qui par sa science infinie connoît jusqu'à nos plus secrètes pensées, dont le bras tout puissant atteint l'impie jusqu'au faîte de la grandeur, et qui par sa providence règle tout jusqu'à la mort d'un passereau, la perte d'un cheveu de notre tête. Pénétré de ces pensées, on s'imaginera avec Sainte-Thérèse, être seul avec Dieu sur la terre, le voir à ses côtés, l'entendre parler; et on prendra la résolution de ne jamais oublier sa sainte Présence, et de lui être toujours uni de pensée et d'affection au milieu des affaires les plus distrayantes.

Un moyen efficace pour cela, et qui est une suite de l'habitude de la Présence de Dieu, c'est la Vigilance. On en étendra la pratique, suivant l'avis de J. C., sur tout; sur les saillies de son imagination, les desirs impétueux de son cœur, l'égarement de ses yeux, la vivacité de ses réparties, les mouvements de son corps, l'attrait des objets sensibles, etc. Par la Vigilance, on pressent dans chaque occasion les dangers qu'on court pour la vertu, et les moyens de s'en garantir. On a toujours devant les yeux l'obligation du moment; on est, pour ainsi dire, sur un qui vive continuel pour ne pas déplaire à celui en présence duquel on marche.

Un second moyen qui est une suite

de cette sainte Présence, ce sont les Oraisons jaculatoires, qu'on peut produire dans le cours de la journée, au commencement et à la fin de chaque action principale, quand l'heure sonne, quand on est dans la tentation, dans la peine, etc. Par ces prières ardentes on s'élève à Dieu, on s'unit à lui, on attire ses lumières et ses grâces, on épure ses motifs, etc.

Oh! combien de fois, faute de s'être habitué à l'exercice de la Présence de Dieu, de la Vigilance et des élévations fréquentes du cœur vers lui, on a rendu inutiles les belles résolutions qu'on avoit prises à l'Oraison, dans une retraite!

Le bouquet spirituel sera ces paroles des livres Saints : *Dieu est ici, et je ne le savois pas. Veillons et prions.*

RETRAITE
D'APRÈS
LES EXERCICES
SPIRITUELS
DE SAINT-IGNACE.

MÉDITATION
Sur la Retraite en Général.

La lecture des Méditations précédentes ne laisse plus lieu de douter qu'elles ne soient un préliminaire nécessaire à la retraite. Combien, en effet, ne doit-elle pas être utile à celui qui sait attirer sur lui les grâces de Dieu par la prière, communiquer avec lui dans l'Oraison, s'instruire de la science des Saints par les lectures spirituelles, dompter ses passions par l'examen particulier, commander à son corps par la tempérance et les mortifications corporelles, se défendre des illusions du Démon par les règles que Saint-Ignace donne sur le Scrupule et le discernement des esprits; enfin, se soutenir dans la pratique de la vertu, par la sainte habitude de la Présence de Dieu, de la Vigilance et des Oraisons jaculatoires! Il est question maintenant d'entamer les vérités de la retraite; c'est ici proprement qu'elle commence. La première chose à faire, c'est d'en prendre une grande idée.

On réfléchira d'abord sur sa nécessité, ou au moins son utilité; on s'occupera ensuite du bien qu'en particulier les Exercices spirituels de Saint-Ignace ont produit depuis plus de deux cent cinquante ans; on verra enfin la manière dont le Saint veut qu'on les fasse.

Nous allons suivre exactement dans cette Méditation le plan d'oraison de Saint-Ignace, il servira de modèle pour les autres.

On aura lu d'avance, ainsi que le

Saint le recommande, le sujet suivant. Lorsque l'heure de l'Oraison sera arrivée, on s'arrêtera quelques pas avant d'entrer dans le lieu où l'on doit la faire, ou avant de se mettre à la place qu'on doit occuper : « Encore quelques moments, et je vais parler à Dieu. »

Lorsqu'on sera dans le lieu, ou la place où l'on doit faire l'Oraison, on se renouvellera dans la sainte Présence de Dieu : « Il est ici, ce Dieu de bonté ; avec quel respect et quelle confiance je dois lui parler et l'écouter ! »

On se représentera, dans le premier prélude, le Désert où J. C. alla en sortant des eaux du Jourdain ; on croira voir le lieu où il se retiroit pour se mettre à l'abri des injures de l'air. On se figurera ce Divin Sauveur seul, *au milieu des bêtes sauvages*, comme dit Saint-Marc, ne prenant aucune nourriture pendant quarante jours ; à genoux, ou assis, ou prosterné ; ne s'occupant que de la gloire de son Père qu'il alloit annoncer aux Juifs dans sa prédication évangélique.

On priera Dieu, dans le second prélude, de se ressouvenir de la promesse qu'il a faite par son Prophète à l'ame fidelle qu'il conduiroit dans la solitude : « Vous m'y avez aussi conduit, ô mon Dieu; parlez-moi donc au cœur. » On unira sa retraite à celle de J. C. dans le Désert. On priera le Saint-Esprit de nous diriger dans nos pensées, nos sentiments, nos résolutions. On se mettra, à cette intention, sous la protection de la Sainte-Vierge, de Saint-Joseph cet homme si intérieur, de notre bon Ange, de nos Saints Patrons, de Saint-Ignace enfin, qui a fait tant de bien par ses exercices spirituels.

On réfléchira sur la nécessité de la retraite pour les ames en péché mortel ou dans la tiédeur : « Si je ne suis pas dans le premier de ces états, ô mon Dieu; il y a bien à craindre que je ne sois dans le second, au moins sur tel objet, dont je ne me corrige pas. » La retraite fait rentrer en elles-mêmes les ames criminelles ou imparfaites ; elle leur ouvre les yeux sur le danger de leur état; elle leur montre la main miséricordieuse de Dieu prête à les en retirer, si elles veulent sincèrement en sortir; et elle leur obtient les lumières et la force nécessaires pour le faire.

Utilité de la retraite pour les ames parfaites, à qui elle procure une connoissance plus entière d'elles-mêmes, qu'elle purifie davantage, et sur qui elle attire de plus grandes faveurs.

On s'arrêtera plus particulièrement sur les avantages de la retraite, considérée comme ouvrage de Saint-Ignace. Depuis plus de deux siècles et demi Dieu y a répandu mille bénédictions; les Souverains Pontifes y ont attaché des indulgences particulières; elle a ramené dans le chemin du salut, et fait avancer dans celui de la perfection une infinité d'ames. On peut relire ce que nous en avons dit dans l'introduction.

Manière particulière dont Saint-Ignace veut qu'on fasse la retraite.

La première chose qu'il recommande, c'est que celui qui donne la retraite, et celui qui l'a fait, aient une telle confiance l'un dans l'autre, qu'ils se parlent avec la plus grande liberté ; qu'ils prennent toujours en bonne part ce qu'ils se diront, et qu'ils aient l'un pour l'autre les égards convenables.

La deuxième, c'est que celui qui fait la retraite ait un vrai desir d'en profiter, de connoître les desseins de Dieu sur lui, et de tout entreprendre pour les suivre entièrement. Il faut pour cela qu'il se mette dans une grande indifférence pour tout, excepté pour ce qui concerne la volonté de Dieu, et qu'il s'arme d'un grand courage. *Le Royaume des cieux souffre violence.* Ajoutons cependant que cette violence a des douceurs. *Mon joug est doux*, dit J. C., *et mon fardeau est léger.* On doit dire en entrant en retraite, comme Saint-Paul, sur le chemin de Damas : *Seigneur, que voulez-vous que je fasse ?*

La troisième chose, c'est de garder une grande solitude intérieure et extérieure. Intérieure, en ne laissant pas égarer son imagination, ni arrêter son cœur sur des objets étrangers à la retraite ; extérieure, en ne communiquant qu'avec Dieu, le directeur de la retraite, ceux à qui on a indispensablement affaire. Saint-Ignace dit que le fruit de la retraite dépend de la fidélité à cette solitude. *Je la conduirai dans la solitude*, dit le Prophète, *et là je lui parlerai au cœur.*

Ce n'est pas que le Saint veuille qu'on renonce à faire faire les Exercices à ceux que leurs affaires empêchent de garder cette solitude, ou à qui le peu d'ouverture d'esprit et le défaut d'habitude à l'Oraison pourroient la faire garder difficilement. Il indique la manière dont on peut leur faire faire les Exercices, et les choses qu'on peut se contenter d'exiger d'eux.

La quatrième chose, c'est d'avoir présent à l'esprit, dans chaque semaine de la retraite, le but qu'on s'y propose, et les avis qui lui sont particuliers. Il est bon de savoir qu'on ne peut guères faire les exercices en moins d'un mois; lorsqu'on ne peut y donner tout ce temps, le directeur indique les Méditations qu'on peut passer. Le Saint a partagé ce mois en quatre semaines, moins à raison des jours qu'à raison du but qu'on s'y propose, et des vérités sur lesquelles on médite. Le directeur peut abréger ou étendre ces vérités; ainsi que la répétition qu'on en fait, suivant les besoins spirituels et la capacité de ceux à qui il donne la retraite.

La cinquième chose, c'est de faire chaque Méditation suivant l'ordre où elle est placée, sans y rien changer ni omettre. C'est, comme nous l'avons dit, de cet ordre que dépend le plus grand fruit de la retraite. Saint-Ignace veut qu'on fasse chaque Méditation sans examiner celle qui la suit, afin que rien n'en affoiblisse l'effet. Le Saint a mis cinq Méditations par jour, dont une vers le milieu de la nuit. Mais comme on n'est pas toujours libre alors, on peut se contenter de quatre. C'est au directeur à en marquer l'heure, ainsi que pour les autres exercices de la journée.

La sixième chose, enfin, c'est de choisir pour sujet de l'examen particulier, la fidélité avec laquelle on fait les exercices de la retraite. C'est un excellent moyen de la bien faire.

Après avoir réfléchi sur les avis, on terminera par se demander à soi-même : « Quelle idée ai-je maintenant de la retraite ? Quelle idée ai-je des Exercices de Saint-Ignace ? Oui, je veux en profiter ; c'est peut-être la la dernière retraite que je fais. » On passera ensuite aux colloques qui seront les mêmes que ceux du second prélude ; et on récitera à la fin la prière composée par Saint-Ignace, et l'Oraison du Saint au commun des Saints Prêtres.

Le bouquet spirituel sera cette remarque de Saint-François de Salles. *La retraite que je vais faire, a fait plus de conversion qu'elle ne contient de lettres.*

RETRAITE
D'APRÈS
LES EXERCICES
SPIRITUELS
DE SAINT-IGNACE.

~~~~~~~~~~~~~~~~~~~~

PREMIÈRE SEMAINE,

ou

PREMIÈRE PARTIE.

But de cette Semaine, et Avis qui lui sont particuliers.

L'INTENTION de Saint-Ignace, en composa ses Exercices spirituels, a été, comme nous l'avons dit, d'aider le pécheur à sortir de l'état du péché, et à atteindre à une haute perfection; il se borne, dans cette Semaine, au premier objet. Toutes les vérités qu'il propose tiennent à la *Vie Purgative*. Ce sont les vérités les plus terribles de la religion, la fin de l'homme, le péché mortel, la mort, le jugement, l'enfer, etc. Il conseille d'y sonder par un examen réfléchi tous les replis de son cœur, de manière à avoir un apperçu suffisant de l'état de son ame depuis l'âge de raison. Si cet examen ne sert pas à faire une confession générale dont on peut n'avoir pas besoin, il est utile pour se connoître à fond, et se faire connoître au directeur de la retraite. Combien cette connoissance et l'ouverture qu'on en fait, soulagent l'ame ! Quelle abondance de grâces la contrition qui l'accompagne, l'absolution qui la suit, n'attirent-elles pas dans un moment aussi précieux que celui où l'on veut sincèrement se donner à Dieu !

Les avis particuliers à cette Semaine sont relatifs au but qu'on s'y propose. Le Saint veut : 1°. qu'on évite toutes les pensées qui peuvent réveiller des sentiments de joie, quelque pieux d'ailleurs qu'ils soient. On ne doit s'exciter dans cette Semaine, qu'à la douleur et aux larmes. Il desire, 2°. pour la même raison, qu'on se prive autant qu'on le pourra, de la clarté du jour, n'en laissant entrer dans la chambre où l'on fait oraison, que ce qu'il en faut pour lire ou faire les choses nécessaires. 3°. Il faut s'abstenir de tous ris et de toutes paroles gaies ; 4°. ne regarder personne, à moins que la nécessité ou la bienséance ne le demandent; 5°. enfin, pour mieux s'exciter à la douleur ou au regret de ses péchés, on peut s'imposer quelques mortifications corporelles, ou ajouter à celles qu'on fait déjà. Tous ces avis, comme on le voit, sont analogues au sérieux des sujets qu'on médite. On tâchera de ne pas s'en écarter pendant toute la Semaine.

MÉDITATION FONDAMENTALE

DE TOUTE LA RETRAITE,

ET Ire. DE LA Ire. SEMAINE.

Sur la Fin de l'Homme.

SAINT-IGNACE appelle cette Méditation *le Fondement des Exercices Spirituels*. En effet, comme on le verra, les autres n'en sont que la suite; et quand elle est bien faite, on peut répondre du succès de la retraite. Il est question de se bien pénétrer de la fin pour laquelle Dieu nous a créés, de se décider généreusement à sacrifier tout ce qui peut nous détourner de cette fin précieuse; de se mettre dans l'indifférence pour tout, excepté pour ce qui y conduit; et même de pousser l'héroïsme jusqu'à choisir, quoi qu'il en coûte, ce qui y conduit plus sûrement et plutôt.

Après s'être mis en présence de Dieu, on se représentera, dans le premier prélude, Adam et Eve, à qui Dieu, après la création du monde, montre toutes les beautés du Paradis terrestre; devant qui il fait passer en revue tous les animaux, afin qu'ils leur donnent un nom; et à qui il apprend enfin que tout a été créé pour eux, qu'ils en ont la jouissance, qu'ils peuvent même prétendre à un bonheur plus parfait, celui de le posséder pendant toute l'éternité, pourvu qu'ils l'honorent sur la terre comme leur souverain maître, et qu'ils observent fidèlement le précepte facile qu'il leur fait de ne pas toucher au fruit de l'arbre de la science du bien et du mal. On se rappellera encore que, quoiqu'Adam et Ève aient trangressé cette défense, et que par un mystère aussi inconcevable en lui-même que sensible par ses effets à tous ceux qui veulent y faire attention, toute leur postérité ait été enveloppée dans leur condamnation, Dieu cependant leur a promis par pure miséricorde un rédempteur; et que ce rédempteur ayant paru dans le temps, nous a réintégrés dans tous nos droits pour le Ciel, pourvu que nous soyons fidèles à son Évangile.

On priera Dieu, dans le second prélude, de nous bien persuader que nous ne sommes ici-bas qu'en passant ; que tout a été fait pour nous aider à le servir et arriver ainsi à un bonheur éternel. On élèvera aussi son cœur vers J. C. pour lui demander de bien profiter de la grâce de la rédemption. On s'adressera ensuite à Adam et Ève, afin qu'ils nous obtiennent d'être aussi fidèles à la grâce qu'ils le furent après leur conversion. Enfin on mettra dans ses intérêts les bons Anges, les Saints qui sont dans le Ciel, et sur-tout nos Saints Patrons. Ils sont tous chargés de la part de Dieu de nous aider par leurs prières à nous sauver.

On se rappellera ensuite tout ce qui peut nous convaincre que nous ne sommes ici que pour Dieu ; la fragilité des biens de ce monde, le vuide que la jouissance des créatures laisse dans l'ame, l'inquiétude du cœur humain lorsqu'il cesse d'être à Dieu, l'ardeur avec laquelle il se porte sans cesse vers l'auteur de son être, les idées nettes et constantes de tous les hommes sur la réalité de l'autre vie, et leur desir insatiable de l'immortalité.

Après avoir approfondi toutes ces vérités de sentiment, et les avoir étayées encore de tout ce que la foi nous en apprend, et dont on a touché une partie dans les préludes, on en tirera ces quatre conséquences bien importantes pour le salut :

« Si je ne suis fait que pour Dieu, donc je ne dois user des plaisirs, des richesses, des honneurs, des talents, en un mot, de toutes les créatures, qu'autant qu'elles me serviront pour le connoître, l'aimer et le servir. » Première conséquence : le bon usage des créatures.

« Si je ne suis fait que pour Dieu, donc, lorsque quelque créature m'écarte notablement de son service, je dois généreusement m'en priver ; et, si je suis bien pénétré de ma dernière fin, cette privation doit s'étendre jusqu'aux créatures qui ne m'en éloigneroient que légèrement. » Seconde conséquence ; l'attention à éviter le péché, même celui qui n'est que véniel.

« Si je ne suis fait que pour Dieu, donc je dois être indifférent pour toutes les créatures qui ne me conduisent pas directement à lui ; et comme sa providence règle tout avec sagesse et pour mon bien, accepter avec indifférence de sa main la santé ou la maladie, les honneurs ou le mépris, les richesses ou la pauvreté, parce qu'il sait mieux que moi ce qu'il me faut. » Troisième conséquence : l'indifférence pour toutes les situations de la vie, excepté pour celles où Dieu nous place.

« Si je ne suis fait que pour Dieu, donc dans l'usage des créatures qui peuvent me conduire à lui, je dois chercher par préférence celles qui m'y mènent plus directement ; et ceux-là ont été bien sages, qui, pour mieux se sauver, ont renoncé par vœu aux plaisirs, aux richesses et aux honneurs ; et, si je ne suis pas appelé à les imiter dans un état de vie si parfait, la mortification, le détachement et l'humilité me paroîtront toujours des vertus essentielles pour le salut ; il faut que je les pratique conformément aux vœux de Dieu sur mon ame, dans quelqu'état que je sois. » Quatrième conséquence : choisir pour son salut, quoi qu'il en coûte, les moyens les plus prompts et les plus efficaces.

« Je commence aujourd'hui, ô mon Dieu, à sentir la hauteur de mes destinées, et toutes les conséquences qu'elles entraînent après elles. A quoi auroient abouti l'ignorance ou l'insensibilité dans lesquelles je vivois à cet égard ? » *Que sert à l'homme de gagner le monde entier*, disoit J. C., *s'il vient à perdre son ame !*

Cette dernière maxime peut servir de bouquet spirituel : dans la bouche de Saint-Ignace, elle a converti Saint-François Xavier. On peut encore se faire à soi-même cette question du catéchisme : « Pourquoi Dieu nous a-t-il créés ; » Ou se dire, comme le pieux abbé de Clairvaux : *Bernard, qu'es-tu venu faire dans la solitude !*

IIe. MÉDITATION.

Sur le Péché Mortel.

Quelque propre que soit la Méditation de la fin de l'homme pour nous ramener à Dieu et nous faire envisager toutes les créatures sous leur véritable point de vue, nous ne devons pas être étonnés de voir Saint-Ignace revenir plusieurs fois, dans le cours de sa retraite, sur les conséquences que nous en avons tirées. L'esprit humain est si léger, qu'on a besoin de lui présenter à plusieurs reprises, et sous différentes faces, les objets qui doivent le fixer. C'est ce que le Saint fait dans la Méditation du Péché mortel, lequel nous détourne le plus de notre dernière fin. Pour nous en inspirer plus d'horreur, il veut que nous le considérions dans les Anges rebelles, dans nos premiers pères, dans quelques hommes dont un seul péché a causé la perte éternelle, enfin en lui-même, comme le souverain mal de Dieu et de l'homme. Ce sont comme quatre méditations ou quatre points différents d'une même méditation, qu'il traite fort au long, et qu'il veut qu'on répète jusqu'à deux fois.

Premier Point.

Le Péché des Anges rebelles.

Après s'être mis en présence de Dieu, on se le représentera au commencement du monde, créant pour sa gloire, et pour exécuter ses volontés auprès des hommes, une multitude innombrable de purs esprits, doués d'une intelligence supérieure, ornés des dons de la grâce, faits pour un bonheur éternel, libres de le mériter par leur fidélité. On s'imaginera ensuite en voir presqu'aussitôt la plus grande partie, ayant Lucifer à leur tête, s'évanouir dans leurs

Première Semaine.

leurs pensées, se complaire dans leur excellence, et refuser à Dieu l'hommage qu'ils lui devoient : et ce Dieu terrible les précipiter sur-le-champ et sans miséricorde au fond de l'abyme pour y être tourmentés éternellement. On suppliera avec ardeur, dans le second prélude, les Anges fidèles de nous aider à faire les réflexions les plus sérieuses sur cet épouvantable événement.

On s'arrêtera quelques moments sur chacune des circonstances du premier prélude ; elles conduiront naturellement aux réflexions suivantes, qu'un coup-d'œil sur notre vie passée doit nous suggérer.

« Si Dieu a puni sur-le-champ et avec autant de sévérité un seul péché, un péché d'un instant, un péché de vanité, le péché mortel est donc quelque chose de bien affreux à ses yeux, et je suis bien coupable de m'y être laissé aller tant de fois, pendant si long-temps, non seulement par pensées, mais par paroles, par actions, par omission. S'il a précipité sans miséricorde pour toujours dans l'Enfer des créatures si nobles, si pures, et qui n'avoient pas été comme moi rachetées du sang de J. C., que n'ai-je pas à craindre de sa justice, moi qui suis bien plus criminel, bien moins parfait, et qui ai abusé si souvent des mérites et du sang de mon Sauveur. Si Dieu, dans sa miséricorde, m'a traité autrement que les Anges, dont le repentir eût été bien sincère, et qui l'eussent ensuite tant aimé, combien ne dois-je pas aimer un Dieu si bon! quel regret ne dois-je pas avoir de mes fautes! quelle pénitence ne faut-il pas que j'en fasse! et avec quelle fidélité ne dois-je pas dorénavant le servir! »

IIe. Point.

Le Péché de nos premiers Pères.

Après s'être renouvelé en la présence de Dieu, on se représentera Adam et Eve, qui, peu de jours après la création, ayant à peine joüi du bonheur de leur état, mangent une seule fois du fruit défendu; Eve, à l'instigation du serpent, pour avoir trop raisonné avec lui, et avoir regardé avec complaisance le fruit fatal; Adam, par respect humain, et par foiblesse pour sa femme; tous deux par sensualité, et dans la folle pensée de devenir semblables à Dieu. On les verra aussitôt honteux, confus, accablés de remords, sentant leurs sens et toute la nature révoltés contr'eux, chassés impitoyablement du Paradis terrestre, obligés de manger leur pain à la sueur de leur front, sujets eux et leur postérité aux misères de la vie et à la mort, dépouillés enfin de la grâce et de la justice originelle, avec l'espérance cependant de la recouvrer par la grâce du Rédempteur. Oh! quels regrets le souvenir de leur premier état leur causa! quelle horreur ils conçurent du péché! quelle longue pénitence ils en firent pendant neuf cents ans! quel amour pour le Dieu qui leur avoit pardonné! quelle aiguillon pour la vertu cette faute unique leur fournit ! Sur-tout, comme ils s'imputoient les crimes de leurs enfants, celui de Caïn ! et par quelles vives et tendres exhortations ils s'étudioient à les en détourner !

Ils ont fait pénitence pendant leur vie, ils jouissent maintenant du bonheur éternel. C'est ici le lieu de les prier, dans le second prélude, de nous aider à profiter comme eux de nos fautes. Cette réflexion pourra nous occuper, après que nous nous serons arrêtés sur chacune des circonstances de leur péché et de leur pénitence. Nous comparerons ensuite leur punition et celles des Anges rebelles, et nous nous dirons encore : « Si Dieu a puni les derniers sans miséricorde, il n'a pas pardonné aux premiers sans exiger d'eux une rigoureuse satisfaction. » Enfin, considérant comme dans le Ciel et dans le Paradis terrestre les Anges et Adam ont péché, quoique créés dans la grâce et avec des penchants vertueux, nous ajouterons :

« Que n'ai-je pas à craindre du péché, au milieu d'un monde corrompu et corrupteur, moi qui suis si foible, et qui ai des penchants si déréglés ! »

IIIe. POINT.

Comment tant d'ames ont été damnées pour un seul Péché mortel.

APRÈS s'être mis en présence de Dieu, on descendra en esprit dans l'Enfer, et l'on croira y voir, comme il est vrai, au milieu d'une multitude infinie d'ames qui y souffrent des peines inconcevables, plusieurs condamnées aux mêmes peines pour un seul péché d'impureté, d'orgueil ou d'avarice (nous nommons ici les trois grandes passions auxquelles toutes les autres se rapportent); péché qu'elles ont commis ou par pensées, ou par paroles, ou par actions, ou seulement par omission. Dans le seconde prélude, on priera les Saints pénitents, qui, purifiés de leurs péchés, jouissent maintenant du bonheur éternel, de nous aider à faire sur la Méditation présente les mêmes réflexions qu'ils ont faites, et de prendre les mêmes résolutions qu'ils ont prises.

La principale réflexion est que ces ames condamnées pour un seul péché mortel ont été, comme nous, aidées des mêmes grâces, dans les états peut-être les plus saints, fidèles à la grâce pendant de longues années, peut-être passant pour des Saints; mais que s'étant peu-à-peu relâchées de leur ferveur, elles se sont rendues coupables d'un péché mortel, qu'elles ont été surprises par la mort, et condamnées par un juste jugement de Dieu, au feu éternel. On cherchera à se bien pénétrer de cette parole de l'Apôtre Saint-Jacques, que *celui qui viole la loi dans un seul point, mérite d'être puni comme ceux qui la violent dans tous*. Et l'on se dira à soi-même : « Voilà ce qui auroit pu m'arriver, lorsque j'ai offensé Dieu mortellement ; voilà ce qui m'arrivera peut-être, si je l'offense de cette manière. Pourquoi Dieu m'a-t-il épargné ? Pourquoi m'épargneroit-il plus que toutes ces ames ? Si Dieu en tiroit une de l'Enfer, et qu'il lui donnât le temps de faire pénitence, avec quelles précautions n'éviteroit-elle pas le péché ! quelle pénitence ne feroit-elle pas de celui qui l'auroit précipitée en Enfer ! sur-tout, quelle reconnoissance, quel amour ne témoigneroit-elle pas à Dieu ! Quel est le péché que j'ai plus à craindre ? »

IVe. POINT.

Le Péché considéré en lui-même, comme le souverain mal de Dieu et de l'Homme.

Après s'être renouvelé dans la présence de Dieu, on se représentera, dans le premier prélude, le pécheur au moment où avec connoissance de cause et un consentement parfait, il se décide à désobéir à Dieu dans une chose importante. Si on a eu ce malheur, on s'en rappellera les circonstances. On priera Dieu, dans le second prélude, de nous faire sentir *combien il est mal et amer*, dit le Prophète, *d'abandonner Dieu.*

C'est une ingratitude monstrueuse : *Mon Peuple*, dit Dieu par la bouche d'un de ses Prophètes, *qu'ai-je dû faire pour vous que je n'aie pas fait ?* C'est une audace incroyable : une créature, un ver de terre qui s'attaque au créateur si grand, si puissant, si terrible, et qui, lorsqu'il s'agit d'un ordre émané du Ciel, dit : *Je n'obéirai pas.* C'est une détermination folle et absurde : *Abandonner Dieu*, dit le Prophète, *pour une poignée d'orge, un morceau de pain*, Dieu, dont la loi est si sainte, si belle, si utile ! C'est s'avilir et se dégrader soi-même, *en se rendant*, dit Saint-Paul, *esclave du péché*, et devenant un objet de mépris, et pour soi-même et pour les autres. *C'est être ennemi de son ame*, dit Tobie, puisqu'on la dépouille de ce qui fait sa beauté, l'innocence et la grâce; qu'on lui ôte sa paix, qu'on l'expose, dans ce monde et dans l'autre, aux châtiments les plus terribles. Enfin, dit Saint-Paul, *c'est crucifier J. C. de nouveau, et fouler aux pieds la grâce de l'Esprit Saint.*

« Voilà donc ce dont je me suis rendu coupable, lorsque j'ai offensé Dieu mortellement. Pourrai-je encore m'y déterminer? pour un moment de plaisir, m'exposer à tant de malheur? »

Le bouquet spirituel sera quelqu'un des passages ci-dessus, ou ces paroles de Saint-Jean Chrysostôme : *Je ne crains que le Péché.*

IIIe. MÉDITATION.

De l'Examen de ses Péchés.

Jusqu'ici on n'a considéré le Péché mortel qu'en général et dans les autres : comme le but de cette Semaine est de se purifier et de se réformer, il faut le considérer en particulier et par rapport à soi-même. Saint-Ignace veut qu'on descende, à cette intention, dans le fond de son ame, et qu'on examine en détail tous les péchés de sa vie, et comme ils nous ont éloignés de Dieu. Si cet examen ne sert pas pour une confession générale, il sera utile pour notre réforme particulière, et, en nous faisant bien connoître au directeur de notre ame, à en recevoir les avis nécessaires pour cette réforme. Utilité donc de cet Examen général des Péchés de la vie, et manière dont le Saint enseigne à le faire.

Après s'être mis en présence de Dieu, on se représentera l'Econome infidèle, que le père de famille fait venir devant lui, et à qui il demande compte de l'administration du bien qu'il lui a confié. On suppliera Dieu, dans le second prélude, de nous aider à préparer le compte que nous avons à lui rendre de notre vie, puisqu'il nous en laisse le temps; et de nous donner cette prudence des enfants du siècle, qui, dans la position de l'économe infidèle, examinent soigneusement ce qui manque au compte qu'ils ont à rendre, et imaginent des moyens pour suppléer à ce qui y manque.

Utilité de cet Examen général des Péchés de la vie. Il est difficile, lorsqu'on se donne à Dieu tout entier, comme on fait dans une retraite, qu'on ne remarque bien des fautes dans ses confessions passées; examen précipité, aveu pallié, contrition équivoque, propos douteux, satisfactions peu proportionnées. Si tous ces défauts en matière peu considérable n'ont pas, à raison d'une certaine bonne foi, rendu nulles nos confessions, on est bien aise de faire au moins une revue, qui mette la conscience plus en repos, nous donne une connoissance exacte de nous-mêmes, nous mette à portée d'être bien connus du directeur de notre ame, nous fasse prévoir ce qu'il faut pour réparer le passé. L'homme, suivant la pensée d'un Philosophe chrétien, est au milieu de lui-même comme un Roi chargé du gouvernement d'un grand empire. Si le défaut de surveillance y a introduit le trouble et l'anarchie, le moyen de rétablir l'ordre est de bien connoître la source du mal, afin d'aviser aux moyens de le réparer, soit en combattant les ennemis du dehors, soit en contenant dans le devoir les sujets indociles.

Manière dont Saint-Ignace enseigne à faire l'Examen des péchés de toute la vie. On s'en propose la matière; les Commandements de Dieu et de l'Église, les Péchés capitaux, les devoirs de son état; les vertus théologales, la foi, l'espérance et la charité; les vertus cardinales, la justice, la force, la prudence et la tempérance; l'usage des trois puissances de son ame, la mémoire, l'entendement et la volonté; celui des cinq sens, la vue, l'ouïe, l'odorat, le goût et le toucher; celui des passions, l'admiration, l'amour et la haine, le desir et la répugnance, la joie et la tristesse; notre passion dominante, nos habitudes, nos rapports avec le prochain, notre réglement de vie, l'usage des sacrements; les vues de Dieu sur notre ame, les mouvements ordinaires et extraordinaires de la grâce, etc. On s'arrête sur chacun de ces objets l'espace de deux ou trois *Pater*, plus long-temps quand la chose l'exige ; on jette un coup-d'œil sur les divers âges par où on a passé, les divers lieux, emplois, etc., où on s'est trouvé. On voit ce qui a été habitude, ce qui n'a été que passager ; ce qui a porté scandale ou préjudice. « Qu'ai-je été sur ce point avant la première communion, jusqu'au choix d'un état, jusqu'à telle époque, jusqu'à ce jour ? que dois-je être à l'avenir ? » Si une heure ne suffit pas pour examiner ces divers objets, on y revient dans une seconde Méditation, jusqu'à ce qu'on les ait épuisés tous. On s'excite souvent à la contrition ; et comme les contraires se détruisent par les contraires, réduisant tout aux péchés capitaux, on s'impose quelqu'acte d'humilité contre l'orgueil, quelqu'aumone contre l'avarice, quelque mortification pour les plaisirs défendus ou excessifs, des actes de charité et de douceur contre l'envie et la colère; quelques privations dans les repas contre l'intempérance, une vigilance plus soutenue dans ses devoirs contre la paresse.

Les colloques peuvent se faire avec la femme adultère, la Samaritaine, Magdeleine, lorsque J. C. leur eut pardonné. On dira tout ce que la contrition et l'amour pourront suggérer. On les priera de nous obtenir quelque chose de leurs regrets et de leurs larmes.

Le bouquet spirituel sera ces paroles de l'Enfant Prodigue : *Mon père, j'ai péché contre le Ciel et contre vous; je ne suis pas digne d'être appelé votre fils.*

IVe. MÉDITATION.

Sur la Mort.

Quelque frappantes que soient les vérités précédentes pour ramener à Dieu et détacher du péché une ame mondaine, il faut quelquefois, pour y réussir, lui en présenter de plus terribles; et comme elle n'a oublié Dieu qu'en s'attachant aux choses de la terre, il est nécessaire de lui faire voir où aboutissent les plaisirs, les richesses, les honneurs après lesquels elle a couru; le compte terrible qu'on lui demandera un jour de l'usage qu'elle en a fait, et les châtiments éternels réservés aux pécheurs impénitents. De-là les images terribles de la Mort, du jugement de l'Enfer, que Saint-Ignace veut qu'on lui présente dans les trois Méditations suivantes. *Souvenez-vous de vos dernières fins*, dit l'Écriture, *et vous ne pécherez point.*

Certitude de la mort, incertitude du moment où elle arrivera, l'éternité en dépend.

Après s'être mis en présence de Dieu, l'auteur de la vie et de la mort, on se représentera quelques-unes des personnes à la mort desquelles on a assisté, ou qu'on a vues mortes, et l'on se rappellera l'idée qu'on avoit alors de l'état de leur ame. On s'imaginera se voir soi-même à ce dernier moment, épuisé par la maladie, étendu sur un lit de douleurs, ayant à ses pieds un cierge bénit, de l'eau bénite, un prêtre qui fait la recommandation de l'ame; des parens, des amis consternés, et nous prodigant des soins inutiles. Dans le second prélude, on se recommandera à J. C. mourant, à la Sainte-Vierge si puissante alors, à Saint-Joseph le patron d'une bonne mort, à nos Saints Anges, à nos Saints Protecteurs, et on leur demandera de faire d'utiles réflexions sur la pensée de la mort, et de commencer une nouvelle vie.

Certitude de la mort. Elle est inévitable, l'arrêt en est porté contre tous les hommes, c'est la peine du péché; le Fils de Dieu s'y est assujetti, la Sainte-Vierge l'a soufferte. « Je n'y échapperai pas plus que les autres. Un jour viendra, et peut-être est-il près, que mon sang se glacera dans mes veines, que mes yeux s'éteindront, que mes traits se défigureront, qu'une pâleur livide se répandra sur ma chair, qu'une infection insupportable s'exhalera de mon corps. On se hâtera de me mettre hors de la maison que j'habite; un linceuil sera mon vêtement, une bierre mon réduit, un tombeau ma demeure. Les vers m'y dévoreront, et je retournerai bientôt en poussière. De quoi m'aura servi alors ce plaisir, cet honneur, cet argent qui font l'objet de mes desirs, et qui fixent mes complaisances? Ils auront fui comme l'ombre, comme le vaisseau qui fend les eaux; ne vaut-il pas mieux que je m'en détache librement aujourd'hui, que de me les voir arrachés par la mort. Non, je n'y amuserai plus mon cœur, et si je suis obligé d'en faire usage, « *j'en userai comme n'en usant pas.* »

« Incertitude du moment où la mort me frappera. Sera-ce en santé ou en maladie, dans ma patrie ou dans une terre étrangère, dans la force de l'âge ou dans la vieillesse, en état de péché ou en état de grâce? Je n'en sais rien. Les personnes les plus saintes ont été surprises par la mort; je le serai comme elles, J. C. l'a prédit pour tous; la mort viendra comme un voleur, elle nous enveloppera comme un filet. Quelle témérité de m'être endormi jusqu'à ce moment sur ses surprises, comme le serviteur infidèle qui attendoit son maître, les Vierges folles dont les lampes étoient sans huile ! Il est grand temps que je m'y prépare. Je vais mettre ordre à ce qui me feroit le plus de peine à ce moment, confessions, restitutions, réparations, réconciliations, etc. »

» Mon éternité dépend de l'état où je serai à la mort. Je serai éternellement heureux, si je meurs en état de grâce ; éternellement malheureux, si je meurs en péché mortel. *L'arbre reste*, dit l'Ecriture, *du côté où il tombe*. Il n'y a plus alors de temps au repentir ; celui du travail est passé ; on ne couronne que celui qui a légitimement combattu, comme on jetera dans les ténèbres extérieures le serviteur inutile. Je vais donc profiter du temps que la miséricorde de Dieu laisse à ma disposition, *travailler avant la nuit, où il n'est plus possible de rien faire*, semer, en un mot, afin de recueillir quand le temps de la moisson arrivera. »

Les colloques seront les mêmes qu'au second prélude, et le bouquet spirituel, ces paroles de l'Ecclésiastique : *O mort, que ton souvenir est amer pour celui qui jouit en paix des biens de ce monde !*

V^e. MÉDITATION.

Sur le Jugement particulier et général.

Il est arrêté, dit Saint-Paul, *que tous les hommes mourront une fois, et qu'ensuite ils seront jugés.* C'est le Jugement qui rend principalement la mort redoutable. Nous réunissons ici le Jugement particulier et général, afin de faire plus d'impression sur l'ame du pécheur.

Premier Point.

Du Jugement Particulier.

Après s'être mis en présence de Dieu, on se représentera, autant que le permet la nature des êtres spirituels, l'ame au sortir du corps, accompagnée de son bon et de son mauvais ange, paroissant dans le même instant au Tribunal de Dieu, dont elle sent la présence, et qui tient à sa main le livre redoutable où est écrit tout ce qu'elle a fait pendant sa vie. Dans le second prélude, on priera Dieu de ne pas entrer encore en jugement avec nous, parce qu'on n'a rien qui puisse nous justifier à ses yeux.

On considérera ensuite la rigueur du compte qu'on aura à lui rendre dans ce moment critique. Il est question de toutes nos pensées, de toutes nos paroles, de toutes nos actions, des choses même que nous avons omises, de la part que nous aurons prise aux péchés des autres, de nos intentions mêmes, et, comme dit l'Écriture, *d'une obole, d'une parole inutile.* « Quel motif puissant pour commencer à veiller sur moi-même, moi qui peut-être ai bu jusqu'à présent l'iniquité comme l'eau ! On réfléchira aussi sur l'inutilité des excuses qu'on voudroit donner à ce tribunal. Qu'a-t-il manqué à celui pour qui J. C. est mort, qui a eu tant d'instructions, de bons exemples, de grâces, et peut-être plus de facilité de se sauver que bien d'autres? Comme alors le pécheur sera confus! « Il faut que par une bonne vie j'évite cette confusion. » On pensera enfin à la sévérité du juge qui prononcera l'arrêt. Rien ne pourra le fléchir, ni larmes ni prières. Le temps de la miséricorde sera passé : Dieu n'écoutera que sa justice; justice d'autant plus rigoureuse qu'on aura abusé de sa miséricorde, et rendu inutile le sang de son Fils. « Ah! puisqu'il en est encore temps, je ne veux plus me rien pardonner. » *Coupez, brûlez, ô mon Dieu,* disoit Saint-Augustin, *pendant que je suis dans ce monde, pourvu que vous me pardonniez dans l'éternité.*

IIe. POINT.

Du Jugement Général.

Après s'être renouvelé en la présence de Dieu, on se représentera les guerres, les pestes, les famines, les tremblements de terre, les malheurs de tout genre qui doivent fondre à la fin des siècles sur tous les hommes; le dépérissement de la foi, la dépravation des mœurs qui régneront alors; les efforts de l'Ante-Christ pour séduire les élus mêmes; et à la fin de tout cela les éléments se bouleverser et se confondre, le soleil s'obscurcir, la lune ne plus donner sa lumière, les étoiles tomber du Ciel, les vertus célestes ébranlées, un feu vengeur dévorer tout ce qui faisoit l'agrément de l'homme sur la terre. On croira entendre aussitôt la trompette effrayante avec laquelle les Anges appelleront les hommes des quatre parties du monde, et voir ces mêmes hommes sortir de leur tombeau et comparoître en un clin-d'œil au Jugement ; le signe du Fils de l'homme, la Croix toute rayonnante de lumières au milieu des airs ; J. C. enfin revêtu de puissance et de majesté, assis sur les nuées comme sur un trône, environné de ses Anges et de ses douze Apôtres qu'il a établis juges des tribus d'Israël ; les Anges enfin séparant les bons d'avec les méchants, comme le berger sépare les boucs des brebis, et plaçant les uns à la droite et les autres à la gauche.

Dans le second prélude, on priera notre Seigneur, qui, tant que nous vivons, est plein de miséricorde pour nous, la Sainte-Vierge, nos bons Anges, nos Saints Protecteurs, de nous aider à éviter tous les malheurs qui doivent arriver à la fin du monde, et de paroître avec confiance devant le Fils de l'homme.

On réfléchira d'abord sur chacune des circonstances effrayantes qui doivent précéder le jugement général. « Si je vivois alors, ce qui n'est pas impossible, puisqu'on ne sait pas le jour où le Fils de l'homme viendra; ma foi et ma fidélité à la grâce tiendroient-elles contre les sujets de tentations extraordinaires auxquels les élus eux-mêmes seront alors exposés? Y a-t-il lieu de croire que l'espérance de ma rédemption prochaine me feroit lever la tête comme fait le laboureur aux approches de l'été, et lorsqu'il voit le figuier pousser des feuilles; ou bien ne sécherois-je pas de frayeur comme le reste des hommes, dans l'attente de ce qui arrivera dans tout l'univers? »

On pensera à l'impression que fera sur tous les hommes l'arrivée imposante de J. C., qui, comme son père lui en a donné le droit, viendra juger les vivants et les morts à la face du monde entier. Quelle honte pour le pécheur à qui l'hypocrisie aura fait prendre le manteau de la vertu, ou pour le chrétien à qui une pudeur mal placée aura lié la langue au tribunal de la pénitence! Il ne sera pas question alors de sa réputation aux yeux

yeux d'une ou de plusieurs personnes, on la perdra toute entière aux yeux de la plus nombreuse et de la plus imposante des assemblées. Comment soutenir les regards et les reproches de tous les Anges, de tous les hommes, des Démons, des complices mêmes de ses crimes ! « S'ils doivent connoître alors toutes mes fautes, il faut qu'ils voient à côté la pénitence que j'en aurai faite. »

On se représentera l'air irrité du souverain juge ; on croira entendre la sentence terrible qu'il prononcera contre les réprouvés : *Retirez-vous, maudits, allez au feu éternel qui a été préparé pour le Démon et pour ses anges.* Si l'on ne peut soutenir le visage sévère d'un roi, d'un père, d'un ami qu'on a outragé, comment soutiendra-t-on celui d'un Dieu irrité ? *Retirez-vous, maudits ;* quel arrêt foudroyant de la part d'un Dieu qu'on voit aimable, qu'on voudroit aimer ! *Allez au feu éternel,* quel supplice affreux et pour toujours ! *Avec le*

Démon et ses anges, quelle société ! « Ah ! puisque Dieu m'en laisse le temps, je veux éviter ce malheur. »

La meilleure résolution à prendre à la fin de cette Méditation terrible, est de suivre l'avis de J. C. : *Prenez donc garde que vos cœurs ne s'appesantissent par l'excès des viandes et du vin et par les soins de cette vie ; et que ce jour terrible ne vienne vous surprendre. Veillez et priez, afin d'être trouvés dignes d'éviter ces malheurs.*

Pour mettre en pratique cette vigilance, on croira, comme Saint-Jérôme, entendre à chaque instant la trompette effrayante qui doit appeler tous les hommes au Jugement général. Cette idée servira de bouquet spirituel.

VIe. MÉDITATION.

Sur l'Enfer.

C'est ici comme un dernier effort que Saint-Ignace fait pour porter la terreur dans l'âme du chrétien coupable. Pour y réussir, il veut qu'on fasse cette Méditation par l'application des cinq sens. On y considérera la grandeur des peines de l'Enfer, leur éternité, et la facilité qu'il y a d'y être condamné.

Après s'être mis en présence de Dieu, miséricordieux encore à notre égard, puisque nous vivons, mais terrible dans sa justice lorsque nous serons morts, on se représentera, comme Saint-Ignace le veut, une caverne immense placée comme on croit, au centre de la terre, et toute remplie de feu, où les Anges rebelles sont enfermés depuis leur chûte, et où souffrent depuis le commencement du monde le plus grand nombre des hommes. On se rappellera nommément ceux qu'on sait, d'après les Livres saints, y souffrir, Antiochus, le Mauvais riche, le Traître Judas, le Mauvais larron. On croira les voir le désespoir et la rage peints sur le visage, le corps agité par d'horribles convulsions; on s'imaginera entendre leurs hurlements, leurs blasphêmes ; sentir l'infection insupportable qui s'exhale de ce lieu d'horreur ; goûter comme spirituellement ce que leur position a de désespérant et d'amer ; toucher enfin du bout du doigt le feu terrible qui agit jusque sur leur ame.

Dans le second prélude, on priera Dieu de nous bien faire sentir combien il est horrible de tomber dans ses mains redoutables, et de nous aider à éviter par la pénitence un si grand malheur.

Grandeur des peines de l'Enfer. 1º. La perte de Dieu infiniment parfait et aimable, qu'on commence à connoître tel qu'il est, par lequel on sent qu'on a été créé, vers lequel on tend de toutes les puissances de son ame, et dont on se sent repoussé. L'amour désespéré se change en haine, mais en haine impuissante. On voudroit détruire ce Dieu qu'on ne peut posséder, mais on sent qu'il existera toujours, et qu'il nous repoussera pour jamais. Ce qui a fait dire que la vue du Ciel est plus cruelle pour les Damnés que les autres supplices de l'Enfer. 2°. La peine du feu, d'un feu actif, d'un feu allumé par la colère de Dieu, qui ne languit jamais, qui brûle les corps sans les consumer, qui agit sur les ames, et qui est d'autant plus cruel qu'on a été plus dans les délices. 3°. Un désespoir affreux. Le Damné se rappellera malgré lui, et de la manière la plus déchirante, toutes les facilités qu'il a eues pour faire son salut; lumières, grâces, avis charitables, bons exemples, remords cuisants, patience et longanimité d'un Dieu miséricordieux, qu'il auroit pu fléchir par un soupir, par un regret. Il n'a profité de rien, parce qu'il n'a eu ni assez de confiance ni assez de courage; et c'est pour un plaisir d'un moment qui lui a fait plus illusion dans la perspective, qu'il ne lui a procuré de jouissance dans la possession; et le voilà perdu pour l'éternité!

Eternité des peines de l'Enfer. Quelle idée accablante vient se joindre à la somme de ses maux! *Jamais, toujours*, mots terribles pour un Damné ! Ne jamais voir Dieu, toujours brûler! Pour chercher un terme à ses supplices, son imagination a beau sonder l'abyme de l'Éternité, il le trouve sans fin. Il suppute, il accumule les années par millions ; il suppose avoir déjà souffert autant de temps qu'il en faudroit à un oiseau pour boire l'eau de tous les fleuves et de toutes les mers, ou pour combler avec des grains de sable l'espace immense qui sépare le Ciel de la Terre ; il faut qu'il se dise à la fin de son calcul : « Quand j'aurai passé tout ce temps en Enfer, je n'aurai encore fait que commencer à souffrir. » Une piqûre d'épingle de quelques instants lui étoit insupportable !

Facilité de tomber en Enfer. Tout est danger, la légèreté de notre esprit, la perversité de nos penchants ; les révoltes de notre nature, la foiblesse de notre caractère, la multitude et la délicatesse des occasions, la force de la tentation, la séduction du mauvais exemple. Il ne faut qu'une pensée, qu'une parole, qu'un regard, en matière importante, pourvu que le consentement soit parfait. Il n'y a ni lieu, ni état, ni sainteté qui en mettent entièrement à l'abri; Lucifer fut précipité du haut du Ciel; la dignité d'Apôtre n'en préserva pas Judas, et la science et la sagesse de Salomon nous laissent toujours des incertitudes sur son salut.

L'horreur du péché, l'ardeur pour la pénitence, voilà la meilleure conclusion de cette Méditation. On peut se proposer l'exemple d'un Damné à qui Dieu promettroit de sortir de l'Enfer. Balanceroit-il entre le péché et la vertu? Trouveroit-il de pénitences trop fortes auprès de l'Enfer dont il auroit été délivré?

Ces deux idées peuvent servir de bouquet spirituel.

VIIe. MÉDITATION.

Sur la Miséricorde de Dieu à l'égard du Pécheur.

La crainte de la justice divine ébranle utilement le Pécheur; mais s'il veut être justifié, il ne faut pas qu'il en reste là. En n'allant pas plus loin, Caïn et Judas se sont perdus. *Il est encore nécessaire*, disent les Pères du Concile de Trente, *que, passant de la crainte à la considération de la miséricorde, il s'élève jusqu'à l'espérance*, et qu'il ait confiance que *Dieu lui pardonnera en vue des mérites de J. C.* On réfléchira donc dans cette Méditation, sur la bonté avec laquelle Dieu recherche le Pécheur, et avec laquelle il le reçoit à pénitence.

Après s'être mis en sa sainte présence, on se rappellera, dans le premier prélude, l'histoire de la conversion de la Samaritaine ou de la femme pécheresse, ou les paraboles si tendres du bon Pasteur qui court après la brebis qui s'égare, et de l'Enfant prodigue que son père reçoit avec tant d'affection. Dans le second prélude, on priera ce bon Pasteur, ce bon père, de nous aider à concevoir autant qu'il est nécessaire, pour nous faire revenir à lui, l'étendue de ses miséricordes à l'égard du pécheur, et de nous accorder la grâce de ce retour précieux.

Bonté avec laquelle Dieu recherche le pécheur. Il le recherche le premier et de bonne heure : il est vrai que sans cette grâce prévenante nous ne pourrions revenir de nous-mêmes ; mais enfin, c'est une bonté de sa part ; et cette grâce, il l'offre de bonne heure, c'est celle du remords, qui ne peut venir du Démon, puisqu'il nous porte au bien ; qui ne peut venir de nous-mêmes, puisque nous en sentons tous malgré nous l'aiguillon. Dieu recherche le pécheur avec zèle et sollicitude : le bon Pasteur laisse dans le Désert tout son troupeau, pour courir après la brebis égarée ; la femme qui a perdu sa dragme, renverse toute sa maison pour la trouver. Dieu recherche le pécheur avec certains ménagements : avec quelle adresse J. C. entre peu-à-peu dans le cœur de la Samaritaine ! il pourroit parler en maître, il aime mieux s'accommoder à son humeur ; que de ménagements de sa part, avant qu'il lui dise clairement qu'il est le Messie ! Dieu recherche le pécheur sans se lasser : il ne se rebute pas de ses nouvelles infidélités, de ses continuelles résistances ; il semble que son bonheur dépende de la conversion du pécheur : il attend une occasion favorable, et il l'attend long-temps ; ce sera une disgrâce, comme à l'égard de Manassès ; une maladie, comme à l'égard de Saint-Ignace. Dieu recherche le pécheur en lui demandant peu de chose : *donnez-moi à boire*, dit-il à la Samaritaine ; et en lui donnant de l'attrait pour ce qu'il lui demande, quelles consolations il donne à l'ame dans ces premiers moments de conversion !

Bonté avec laquelle Dieu reçoit le

pécheur. Le bon Pasteur ne frappe pas la brebis qu'il retrouve; il ne la force pas de marcher pour revenir au bercail; il la charge lui-même sur ses épaules, et l'y ramène. La femme pécheresse a le courage d'aborder J. C. chez le Pharisien. Loin de lui faire des reproches comme celui-ci, ce divin Sauveur, la laisse oindre ses pieds de parfums, les arroser de ses larmes, et les essuyer de ses cheveux. On veut le forcer de condamner la femme adultère; il confond ses accusateurs sans prononcer rien contr'elle; et lorsqu'ils sont retirés, il lui dit ces paroles consolantes : *Je ne vous condamnerai pas.* L'Enfant prodigue est encore loin de la maison de son père; celui-ci l'apperçoit, et au lieu de l'attendre et de se préparer à lui faire de justes reproches, il court au-devant de lui, se penche sur son col, l'embrasse sans entendre ses excuses, le fait revêtir de ses habits, lui met un anneau à la main ordonne de tuer le veau gras, et lui fait un festin magnifique. *Mon fils étoit perdu*, dit-il, *et le voilà retrouvé.* Les attentions de ce bon père vont jusqu'à donner de la jalousie au fils aîné, qui n'avoit jamais quitté la maison paternelle.

Comme le Démon, qui ôte la crainte avant le péché, afin de le faire commettre, la rend après d'une manière excessive et propre à ôter l'espérance du pardon, nous ajouterons à ce que nous venons de voir, tout ce que la foi nous apprend des miséricordes de Dieu à l'égard du pécheur. A chaque page des Livres saints cette miséricorde est exaltée ; Dieu s'y annonce pour aimer à faire miséricorde ; il y dit que sa miséricorde surpasse sa justice, qu'il ne desire pas la mort du pécheur, mais qu'il se convertisse et qu'il vive. De-là, ces promesses de ne plus se souvenir des crimes de l'impie, s'il s'en repent ; de le rendre plus blanc que la neige ; de-là, les larmes de J. C. sur Jérusalem ingrate, cette joie dans le Ciel beaucoup plus grande pour la conversion d'un pécheur, que pour la persévérance de quatre-vingt-dix-neuf justes; de-là, l'étendue du pouvoir donné à Saint-Pierre et aux Apôtres; de-là, le sacrement de Pénitence, qui est comme une seconde planche après le naufrage, pour ceux qui ont perdu l'innocence de leur Baptême; de-là, l'obligation que l'Eglise, qui connoît les intentions de J. C., fait à ses ministres, de parler par-dessus tout des Miséricordes du Seigneur, de faire remarquer que la justice de Dieu, qui punit sur la terre, est miséricordieuse, et de faire toujours espérer le pardon au pécheur, revînt-il à la dernière heure.

La religion parle à la vérité d'une mesure de crimes, au-delà de laquelle il est rare qu'on se convertisse; mais elle ne dit pas qu'on ne peut pas le faire; elle assure qu'il reste encore alors assez de grâces au pécheur pour commencer, et elle lui promet que s'il commence, Dieu lui en donnera d'autres pour consommer son retour. Si elle témoigne de l'inquiétude sur l'état de ceux qui meurent sans donner de signes de contrition, elle en cherche moins la cause dans les grands crimes qu'ils ont commis, que dans le défaut de confiance qu'ils ont eu en la miséricorde de Dieu. « Le malheureux Judas, dit-elle, que ne revenoit-il à pénitence comme Saint-Pierre ! Dieu en fit plus pour lui que pour le Prince des Apôtres. »

Quelques pécheurs sont frappés de mort subite, mais la Miséricorde de Dieu les avoit peut-être attendus long-temps; il faut bien qu'elle ait un terme : et Dieu est-il obligé d'interrompre pour le pécheur obstiné dans le mal, le court de ses causes secondes! Cette mort est peut-être une Miséricorde pour d'autres à qui elle sert d'avertissement! Qui sait enfin, si, comme au temps du déluge, ce coup subit n'a pas laissé quelques moments au repentir.

La conclusion de cette Méditation, une des plus importantes de la première Semaine de la Retraite, sera, 1°. une extrême reconnoissance à l'égard de Dieu, qui nous a recherchés avec tant de bonté, lorsque nous nous égarions, et qui nous a reçus avec tant de Miséricorde, lorsque nous sommes revenus à lui. 2°. Une ferme résolution de ne jamais désespérer de la Miséricorde de Dieu, quelque péché que nous ayons commis, et de nous jeter le plutôt possible entre ses bras, si nous l'avons offensé.

Le bouquet spirituel sera ces paroles de l'Enfant prodigue : *Je me leverai, j'irai à mon père, et je lui dirai : Mon père, j'ai péché contre le Ciel et contre vous ; je ne suis pas digne d'être appelé votre fils, ne me traitez que comme un des mercenaires qui sont dans votre maison.*

VIIIe. MÉDITATION,

Sur la Pénitence, comme Vertu et comme Sacrement.

L'ENFANT prodigue a pris la résolution de retourner vers son père, il faut que son retour soit solide. Le pécheur réfléchira donc sur les qualités que ce retour doit avoir ; c'est la Pénitence comme vertu : sur les dispositions avec lesquelles il doit s'approcher du sacrement où ce retour se consomme ; c'est la Pénitence comme Sacrement.

Après s'être mis en présence de Dieu, on se représentera le Saint Précurseur du Messie, Jean-Baptiste, sur les bords du Jourdain, annonçant aux peuples qui le suivoient en foule, qu'ils eussent à faire de dignes fruits de pénitence ; et J. C. remettant à Saint-Pierre les clefs du Royaume des Cieux, et nous laissant au Tribunal de la Pénitence, dans la personne des Prêtres, des juges éclairés, des pères compatissans, des amis discrets. Dans le second prélude, on priera ce divin Sauveur de nous aider à bien concevoir les qualités d'une Pénitence véritable, et les dispositions qu'on doit apporter au Sacrement de la réconciliation, pour obtenir le pardon de ses péchés.

Qualités de notre retour vers Dieu. Il faut qu'il soit sincère, c'est-à-dire que nous retournions à lui de tout notre cœur, comme David, la Madeleine,

Saint-Pierre. Il faut qu'il soit sans restriction, c'est-à-dire que nous ne fassions pas, comme Saül, de réserve dans notre sacrifice; qu'il soit constant, c'est-à-dire, qu'après avoir mis la main à la charrue, nous ne regardions pas en arrière.

Dispositions au Sacrement de pénitence. Examen suffisant et proportionné au nombre et à la durée de nos égarements : Contrition véritable, qui soit produite par un mouvement du Saint-Esprit, et qui n'ait que Dieu et les vérités éternelles pour motif : Ferme propos qui exclut la volonté de pécher, dût-on sacrifier tous les biens du monde : Accusation sincère qui s'étende à tous les détails importants : Satisfaction proportionnée, qui ajoute à la pénitence que le prêtre impose, et ne croie jamais en avoir assez fait pour expier ses péchés.

On s'examinera sur tous ces points ; et après avoir pris la résolution d'y être fidèle, on ira, plein de confiance en la miséricorde de Dieu, et dans la vertu du Sacrement, se jeter aux pieds du prêtre dans le tribunal de la pénitence. On se mettra, à cette intention, sous la protection de la Sainte-Vierge, de son bon Ange, de ses Saints Patrons, de Saint-Ignace.

Le bouquet spirituel sera ces paroles de Saint-Pierre aux Juifs, après la guérison du boiteux : *Faites donc pénitence, et convertissez-vous, afin que vos péchés soient effacés.*

IX.ᵉ MÉDITATION.

Sur le Sacrifice de la Messe et la Communion.

L'ENFANT PRODIGUE réconcilié avec son père, est bientôt admis à un banquet magnifique, que ce bon père a fait préparer pour lui. Le pécheur réconcilié à Dieu ne tarde pas à s'asseoir à la Table Sainte et à se nourrir du corps et du sang de J. C. C'est l'intention de ce Divin Sauveur, c'est le desir de l'Église. Ainsi on s'occupera dans cette cette Méditation, du Sacrement auguste de nos autels ; et on y considérera J. C. qui s'y offre pour nous comme victime, et qui s'y donne à nous comme nourriture.

Premier Point.

Sur le Sacrifice de la Messe.

Après s'être mis en présence de Dieu, on se représentera J. C. Prêtre et Victime de la nouvelle alliance, anticipant dans la dernière Cène le Sacrifice de lui-même, qu'il alloit consommer sur la Croix, donnant à ses Apôtres le pouvoir précieux de renouveler tous les jours ce même Sacrifice jusqu'à la consommation des siècles. Dans le second prélude, on le priera de nous en faire connoître l'excellence, de nous inspirer le desir d'y assister fréquemment, et de nous aider à y assister avec fruit.

Excellence du Sacrifice de la Messe, considéré du côté de celui à qui il est offert, Dieu, l'Être par excellence, l'Être infiniment parfait, le Créateur du Ciel et de la Terre, celui de qui tout dépend ; du côté de celui qui l'offre, et qui est offert, J. C. le fils de Dieu fait homme, la splendeur de la gloire de son père, l'image de sa substance, le plus parfait des enfants des hommes, et qui est tout-à-la-fois le Prêtre et la Victime de son sacrifice ; du côté des fins pour lesquels ce sacrifice est offert, rendre à Dieu un plus excellent hommage, obtenir plus sûrement le pardon de ses fautes, lui présenter de plus agréables actions de grâces, et l'intéresser plus favorablement à nous soulager dans nos besoins ; parce que toutes ces choses se font en union avec son divin fils, présent et offert réellement sur nos autels à toutes ces intentions.

Motifs d'assister fréquemment à la Messe. On entre dans les vues de J. C., et de l'Église son épouse, et on participe plus souvent aux fruits admirables du sacrifice.

Esprit dans lequel on doit y assister. Esprit d'adoration, de contrition, de reconnoissance et de confiance ; entrer à cette intention dans les sentimens dont furent animés sur le Calvaire la Sainte Vierge, Saint-Jean l'Évangéliste, les Saintes Femmes, le bon Larron, le Centenier. La Messe est le même sacrifice que celui de la croix : c'est de part et d'autre la même Hostie et le même Sacrificateur ; la différence n'est que dans la manière dont l'un et l'autre sont offerts.

IIe. POINT.

Sur la Communion.

APRÈS s'être renouvelé dans la présence de Dieu, on se représentera J. C. se communiant lui-même dans la dernière Cène, comme dit Saint-Jérôme, et communiant ses Apôtres ; ou bien les disciples d'Emmaüs, reconnoissant leur divin Maître à la fraction du pain; ou bien enfin la foi et l'amour de la Sainte Vierge, qui, après l'Ascension de son fils adorable, alloit tous les jours se dédommager à la Table Sainte de ce que son absence avoit de douloureux pour elle. Dans le second prélude, on priera ce Divin Sauveur, sa Sainte Mère, les Disciples d'Emmaüs, de nous aider à concevoir combien il est utile de manger ce pain sacré, de le manger souvent, et quelles sont les dispositions avec lesquelles on doit le faire.

Avantages de la Communion, qui nous unit d'une manière réelle et intime avec l'aimable Jésus; qui nous fait vivre de sa vie, qui nous soutient dans nos tentations, qui nous console dans nos peines, qui est enfin pour nous un gage solide de la Vie éternelle et de la Résurrection glorieuse.

Avantages de la Communion fréquente qui nous donne des communications plus fréquentes avec cet aimable Sauveur, qui nous fait jouir plus souvent des fruits admirables de son sacrement, qui nous fait répondre aux vues qu'il a eues en l'instituant, et aux desirs de l'Église qui desireroit que nous communiassions à chaque messe que nous entendons, comme elle s'en est expliquée dans le Saint Concile de Trente; imiter enfin les premiers fidèles qui communioient tous les jours, et contribuer ainsi à ramener la ferveur des Siècles apostoliques.

Dispositions à la Communion, et sur-tout à la Communion fréquente. Foi vive: *Je crois, Seigneur, aidez mon incrédulité.* Adoration profonde: *Venez, prosternons-nous, adorons le Seigneur.* Humilité sincère: *Seigneur, je ne suis pas digne que vous entriez en moi.* Contrition véritable: *Mon père, j'ai péché contre le Ciel et contre vous.* Actions de grâces: *Que rendrai-je au Seigneur pour tous les biens dont il me comble?* Confiance entière: *Si je touche seulement le bord de sa robe, je serai guéri.* Desir ardent: *Venez, Seigneur Jésus, venez.* Transport d'amour: *Qui me séparera de l'amour de mon Jésus?*

« Est-ce là l'idée que j'ai eue jusqu'ici de la Messe et de la Communion, peut-on se demander à la fin de cette Méditation ? Quelle ardeur ai-je pour la Messe et la Communion ? et quels fruits ai-je retirés de l'une et de l'autre ? »

Le bouquet spirituel sera, sur la Messe, ces paroles du prophète Malachie : *On ne m'offre plus en tous lieux qu'une oblation pure ;* et sur la Communion, ces mots d'Élisabeth, lorsque la Sainte Vierge alla la visiter : *D'où me vient ce bonheur qu'un Dieu se donne à moi !*

RETRAITE
D'APRÈS
LES EXERCICES
SPIRITUELS
DE SAINT-IGNACE.

DEUXIÈME SEMAINE,
OU
DEUXIÈME PARTIE.

But de cette Semaine, et Avis qui lui sont particuliers.

LE pécheur étant une fois réconcilié à Dieu, par les exercices *de la Vie purgative*, que renferme la première Semaine de la Retraite; ou s'il n'avoit pas besoin d'être réconcilié à Dieu, étant excité à marcher avec plus d'ar-

F

deur dans le chemin du salut et de la perfection, il est question de l'éclairer, et de l'aider à le faire dans toute la plénitude des vues de Dieu sur son ame; c'est la fin que Saint-Ignace se propose dans les Exercices de la seconde et de la troisième Semaine, qui tiennent, comme on voit, à *la Vie illuminative*, avec cette différence, que les uns suivent le chrétien dans les circonstances ordinaires où il peut se trouver, et les autres dans les circonstances difficiles.

Les avis particuliers à la seconde Semaine sont : 1°. d'en entreprendre les exercices avec un grand courage, à raison des grandes choses qu'on a à y faire, de sorte qu'il vaudroit mieux attendre pour continuer les exercices de la Retraite, que de s'y mettre avec une volonté équivoque; 2°. de relâcher quelque chose de ses mortifications corporelles, et des autres exercices qui ont pu fatiguer jusqu'alors; 3°. dans les temps d'oraison, d'user à propos de la lumière et de l'obscurité, suivant que les sujets qu'on médite portent à la joie spirituelle ou à la pénitence ; 4°. de faire ses lectures habituelles dans l'Évangile, puisque J. C. doit être le principal objet des Méditations de cette Semaine ; y lire, en conséquence, son sujet d'oraison, s'il s'y trouve ; et si plusieurs Évangélistes en parlent, le lire dans chacun, parce que les paroles de l'Esprit Saint ont une toute autre force que celles des hommes ; 5°. choisir les oraisons jaculatoires, et la vertu qu'on se propose de pratiquer le plus dans la journée, dans un des traits de la vie de J. C., qu'on aura médités.

MÉDITATION FONDAMENTALE

DE LA IIe ET DE LA IIIe. SEMAINE,

ET Iere. DE LA IIe. SEMAINE.

Sur le Règne ou l'Imitation de J. C.

L'EXEMPLE étant le meilleur de tous les maîtres, Saint-Ignace, pour faire marcher plus vite dans le chemin du salut et de la perfection le pécheur qui vient de se convertir, lui propose dès l'entrée de la seconde Semaine J. C., comme le modèle le plus parfait à suivre. Il appelle cette Méditation *fondamentale*, parce que toutes celles de cette Semaine et de la suivante qui traitent de J. C. dans les différentes circonstances de sa vie et de sa mort, en sont la suite. Il l'intitule *Du Règne de J. C.*, parce que ce Divin Sauveur y est représenté comme un Roi puissant qui, voulant augmenter le nombre de ses sujets, ne propose rien moins que de régner avec lui à tous ceux qui vivent déjà sous son empire, pourvu qu'ils le suivent dans son expédition, et qu'ils partagent avec lui les travaux et les dangers de la conquête qu'il médite. Imiter J. C. dans le zèle qu'il a eu pour la gloire de son Père, soit en pratiquant lui-même la vertu, soit en la faisant pratiquer aux autres, telle est l'idée de Saint-Ignace, le plus bel emploi du chrétien, et le sujet de cette Méditation. On réfléchira sur l'obligation d'imiter J. C., et l'on verra ensuite à quoi cette Imitation se réduit dans la pratique.

Après s'être mis en présence de Dieu, on se représentera J. C. ne cherchant, pendant les trente-trois années de sa vie mortelle, qu'à se former par ses vertus et sa morale des Disciples qui travaillassent avec lui à lui en gagner d'autres par leurs vertus et leurs exemples; et *passant à cette intention par tous les âges*, dit Saint-Irénée, *afin de servir de modèle à tous les âges.* On se le figurera comme un homme rempli d'amabilité et de douceur; *dans le visage et le regard duquel*, dit Saint-Jérôme, *il y avoit quelque chose de céleste;* et qui, par le charme de sa présence et les délices de ses entretiens, dit Saint-Bernard, *fixoit les peuples autour de lui.* On ne séparera pas de cette idée d'amabilité celle d'un grand Roi, à qui toute puissance a été donnée dans le Ciel et sur la Terre; et on croira l'entendre inviter tous les hommes à l'imiter dans ses vertus et dans son zèle, promettre de les aider de sa grâce, ne rien exiger d'eux qu'il n'ait pratiqué le premier, et assurer ceux qui répondront à ses tendres invitations du centuple dans ce monde, sur-tout du côté de la *paix du cœur, qui surpasse tout sentiment*, et d'une couronne d'autant plus brillante dans l'autre, qu'ils l'auront suivi de plus près pour modèle.

Dans le second prélude, on priera ce Divin Sauveur de nous rendre dociles à ses invitations, et de nous aider à marcher sur ses traces. On priera, à cette intention, la Sainte-Vierge sa plus fidèle imitatrice, ses Apôtres et ses Disciples, qui, après la descente du Saint-Esprit, ont retracé ses vertus et son zèle d'une manière si ressemblante.

Tout nous porte à imiter cet aimable Roi. Le devoir : *Dieu*, dit Saint-Paul, *a prédestiné ses élus à être conformes à l'image de son Fils. Un chrétien*, dit Saint-Grégoire de Nysse, *doit être* un autre J. C. L'honneur : c'est notre Maître, c'est notre Roi. *Le Disciple n'est pas plus que le Maître*, disoit-il lui-même à ses Disciples. *O mon Roi,* disoit Ethaï à David, *je ne vous quitterai ni à la vie ni à la mort.* Le sentiment : c'est le plus aimable des enfants des hommes, et celui qui nous a le plus aimés. L'intérêt, enfin : Dieu voyant en nous l'image de son Fils, fixera sur nous ses plus tendres complaisances.

L'Imitation de J. C. se réduit dans la pratique, 1°. à bien connoître sa vie, afin de n'en laisser échapper aucun des traits qui nous regardent ; voilà pourquoi dans cette Semaine et la suivante on doit faire ses lectures dans l'Évangile ; 2°. à se renouveler dans l'amour et la reconnoissance pour J. C. afin de travailler avec plus d'ardeur à son imitation ; 3°. à rapprocher souvent dans le jour notre conduite de la sienne. « J. C. se seroit-il permis cette pensée, ce désir, cette action ? »

On prendra la résolution d'être fidèle à ces pratiques. On s'humiliera d'être encore si loin d'un si beau modèle. *Sous un chef couronné d'épines*, dit Saint Bernard, *quelle honte que les membres soient si délicats !* Les colloques seront les mêmes que ceux du second prélude.

Le bouquet spirituel sera ces paroles de Saint-Ignace, après le Lavement des pieds : *Je vous ai donné l'exemple, afin que vous fassiez comme vous m'avez vu faire.*

MÉDITATIONS
SUR LES MYSTÈRES DE LA VIE DE J. C.

Et 1º. sur ceux de sa Vie cachée.

Les détails faisant plus d'impression que les vues générales, Saint-Ignace, après avoir, dans la Méditation précédente, établi le fondement de tout ce qu'on doit voir dans ces deux Semaines, propose au chrétien chacun des plus importants mystères de la vie de J. C. ; et d'abord ceux de sa Vie cachée, comme étant celle où il a passé plus d'années, celle pour laquelle on doit avoir plus d'attrait, celle qui convient au plus grand nombre, que Dieu n'appelle pas à une Vie publique.

Le desir de ne pas trop étendre cette Retraite que nous voudrions pouvoir donner à ceux qui peuvent le moins disposer de leur temps, nous a engagés à réduire à un petit nombre de Méditations celles que Saint-Ignace prescrit sur la Vie cachée de J. C. Nous rapporterons à chaque mystère une vertu essentielle du Christianisme, ainsi que l'a fait un des enfants de Saint-Ignace qui a mieux travaillé sur ses Exercices (le P. Neveu).

IIe. MÉDITATION.

Sur l'Humilité dont J. C. nous donne l'exemple dans son Incarnation.

On commencera, dans cette Méditation, comme dans les autres qui sont sur la Vie de J. C., par en lire le sujet dans l'Évangile. On se mettra ensuite en présence de Dieu, et on se représentera, dans le premier prélude, Dieu le Père, arrêtant de toute éternité que, pour satisfaire à sa justice pour le péché des hommes, son Fils bien-aimé se fera homme dans le sein d'une Vierge; le Fils éternel consentant par obéissance aux volontés de son père, et le Saint-Esprit se proposant, par amour, de produire dans le temps cet Homme-Dieu. On s'imaginera aussi avoir sous ses yeux le tableau de l'Univers au moment de la naissance de J. C., et dans un coin de la Galilée, dans la ville de Nazareth, une petite maison où demeuroit la Sainte-Vierge, et où l'Ange Gabriel entra tout-à-coup pour lui annoncer le miracle qui alloit s'opérer en elle.

Dans le second prélude, on priera la Sainte-Trinité, la Sainte-Vierge, l'Ange Gabriel, de nous aider à tirer tout le fruit possible de la considération de ce mystère, et sur-tout de l'Humilité profonde dont le Fils de Dieu nous y donna l'exemple, en s'abaissant jusqu'à se faire homme.

Après avoir réfléchi sur chacune des circonstances de ce mystère, on reviendra sur l'Humilité du fils de Dieu, qui doit être le modèle de la nôtre. L'Humilité n'est autre chose qu'une profonde connoissance de soi-même ; on s'excitera à une vertu si nécessaire en considération sur-tout de notre néant, de nos misères, de nos péchés, de notre fragilité.

On se proposera de ne jamais s'élever au-dessus des autres, de ne pas rechercher les louanges, de se résigner même aux humiliations, si Dieu nous en envoie. On pourra s'imposer quelques actes d'Humilité à faire dans la journée, comme de baiser plusieurs fois la terre, de prendre à l'Eglise ou en société la dernière place, sans affectation cependant. Le colloque se fera comme dans le second prélude.

Le bouquet spirituel sera ces paroles de J. C. : *Celui qui s'abaisse, sera élevé.*

IIIᵉ. MÉDITATION.

Sur la Pauvreté dont J. C. nous donne l'exemple dans sa Naissance.

Après avoir lu dans l'Évangile l'histoire de la Naissance de J. C., on se mettra en présence de Dieu, et on se représentera les lieux qui ont rapport à son sujet, le départ de Nazareth, le chemin qui conduit à Bethléem, l'Étable où la Sainte-Vierge fut obligée de se retirer. On se figurera voir tous ceux qui ont joué un rôle à la Naissance de ce divin Sauveur, entendre ce qu'ils ont dit, toucher leurs vêtemens, etc. On pensera à ce qu'on auroit fait soi-même, si on s'étoit trouvé alors dans l'Étable.

Dans le second prélude, on priera la Sainte-Vierge, Saint-Joseph, les Anges, les Bergers, et en particulier le divin Enfant qui est couché dans la crèche, de nous aider à ne rien perdre de ce que cette précieuse Naissance nous fournit d'instructions.

Après avoir réfléchi sur chacune des circonstances de la Naissance de J. C., on s'arrêtera en particulier à l'esprit de détachement dont ce divin Sauveur nous donne l'exemple, en manquant de tout à Bethléem. On examinera comment on s'est conduit jusqu'ici par rapport aux biens de la terre, comment on est encore affecté à leur sujet. Le vrai chrétien ne les desire que selon les vues de la Providence sur lui, il n'en use que comme n'en usant pas, il en souffre la perte ou la privation sans regret.

On prendra la résolution de se rapprocher de la Pauvreté de J. C. autant que notre état le permet. Les Saints, suivant la remarque de Saint-Ignace, faisoient trois parts de leurs biens : la première pour le temple, la seconde pour les pauvres, la troisième pour leurs propres besoins. On s'imposera quelque privation ou quelqu'aumône à faire dans la journée. Le colloque se fera comme au second prélude, avec le Saint Enfant, sa Sainte-Mère, etc.

Le bouquet spirituel sera ces paroles de l'Apôtre : *Nous n'avons rien apporté en ce monde, et nous n'en emporterons rien.*

IVe. MÉDITATION.

Sur la Mortification dont J. C. nous donne l'exemple dans la Circoncision.

On lira dans l'Évangile ce qui y est marqué de la Circoncision de J. C. On se mettra en présence de Dieu, et on croira voir le Prêtre ou Saint-Joseph prenant pour cette douloureuse opération le couteau cruel, la Sainte-Vierge, consentant par obéissance pour la loi, à ce que son divin Fils souffrît alors, et le Saint Enfant offrant à son Père les prémices de son sang, et prenant le nom de *Jésus*, qui étoit pour lui un engagement à des plus grandes souffrances.

Dans le second prélude, on les priera

l'un après l'autre de nous aider à comprendre combien il dut leur en coûter dans ce moment douloureux.

On réfléchira sur toutes les circonstances de ce mystère, et on s'arrêtera en particulier à l'esprit de Mortification qui est l'ame du Christianisme, et dont J. C. nous donne l'exemple dans sa Circoncision. La Mortification est nécessaire à l'homme depuis le péché d'Adam, pour dompter ses passions, et au Chrétien pour faire pénitence, et pour devenir semblable à J. C. *Celui qui veut être mon disciple doit porter sa croix*, disoit ce divin Sauveur à ses Apôtres.

La Mortification doit être intérieure et extérieure. Intérieure, par rapport aux puissances de notre ame; extérieure, par rapport aux besoins, aux commodités du corps. Elle doit aller jusqu'à *le châtier*, comme dit Saint-Paul, *afin de le réduire en servitude*. On verra comment jusqu'ici on l'a pratiquée. On peut consulter ce que nous en avons dit dans une des Méditations préliminaires de la Retraite. On se proposera de pratiquer dans la journée quelque mortification dans la nourriture, le sommeil, etc.

Le bouquet spirituel sera ces paroles de l'Apôtre : *Nous n'aurons part à la gloire de J. C. qu'autant que nous aurons participé sur la terre à ses souffrances.*

V^e. MÉDITATION.

Sur la Piété dont J. C. nous donne l'exemple dans la Présentation au Temple.

On lira dans l'Évangile l'histoire de la Présentation de J. C. au Temple. On se mettra en présence de Dieu, et on se représentera la Sainte-Vierge portant le Saint-Enfant dans ses bras, Saint-Joseph tenant dans ses mains les deux tourterelles que la loi vouloit qu'on offrît. Ils entrent au Temple, où ils trouvent le Saint-Vieillard Siméon et la prophétesse Anne. On se pénétrera des sentiments qui ont dû animer dans ce moment toutes ces illustres personnes, et on se rappellera tout ce qu'ils ont dit sur le divin Enfant.

Dans le second prélude, on ne manquera pas de les prier de demander pour nous à Dieu tous les sentiments dont ils furent animés, et sur-tout leur édifiante piété.

On réfléchira sur toutes les circonstances de cet adorable mystère, et on s'arrêtera en particulier sur la Piété des personnes qui y figurent. La Piété doit être affective et effective. Affective : s'intéresser pour toutes les choses qui tiennent au culte et au service de Dieu. Effective : nous faire remplir avec une grande délicatesse tous nos devoirs à l'égard de Dieu, du prochain, et de nous-mêmes.

On se renouvellera dans ces sentiments précieux. On prendra la résolution de *ne pas faire l'œuvre de Dieu négligemment*. On s'imposera pour la journée quelques pratiques de piété, comme le Chapelet, les Litanies du Saint Nom de Jésus, celles de la Sainte-Vierge, etc.

Le bouquet spirituel sera ces paroles de l'Apôtre : *La piété est utile à tous ; les biens de la vie présente et ceux de la vie future lui sont promis.*

VIe. MÉDITATION.

Sur l'Abandon à la Providence dont J. C. nous donne l'exemple dans sa Fuite en Égypte.

Après avoir lu son sujet dans l'Évangile, et s'être mis en présence de Dieu, on se représentera Saint-Joseph se levant aussitôt après le songe où l'Ange lui dit de fuir en Égypte, et disposant tout sur-le-champ pour son départ, sans s'inquiéter ni de la longueur et de la fatigue du chemin, ni de la manière dont il trouveroit à faire subsister la Sainte Famille dans une terre étrangère. Le Divin Enfant et la Sainte-Vierge ne montrèrent pas moins de résignation ; et ces sentiments de résignation ne les abandonnèrent pas pendant tout le temps qu'ils y restèrent.

Dans le second prélude, on les priera tous trois de nous aider à profiter de l'exemple qu'ils nous donnèrent alors de l'abandon à la Providence.

On réfléchira sur toutes les circonstances de la fuite en Égypte, sur la marche de la Providence à l'égard de la Sainte Famille, et la fidélité de Saint-Joseph à ne pas l'interrompre, et à entrer sur-le-champ dans ses vues. On appuyera ensuite sur les motifs que nous avons de nous abandonner à la Providence. Dieu connoît nos besoins, il nous aime tendrement, il a en main tout ce qu'il faut pour nous secourir, il a des vues particulières sur nous en nous éprouvant, et le terme de nos épreuves est fixé par une sagesse miséricordieuse ; ne cherchons pas à le devancer, nous dérangerions les vues de Dieu sur nous. Quand l'heure de sortir d'Égypte fut venue, Dieu envoya un second songe à Joseph, et un troisième pour lui marquer où il devoit fixer sa demeure.

Examinons-nous sur l'idée que nous avons eue jusqu'ici de la Providence, et prenons la résolution de nous abandonner entièrement à elle. Préparons quelques actes de résignation à faire dans la journée, comme ceux-ci : *Les yeux de Dieu sont continuellement ouverts sur nous. Il ne tombe pas un cheveu de notre tête sans la permission de Dieu.*

Ces deux passages des Livres saints seront le bouquet spirituel.

VIIe. MÉDITATION.

Sur l'Obéissance à ses Parents, et l'Amour pour la Retraite dont J. C. nous donne l'exemple dans la Vie cachée qu'il mena pendant trente ans à Nazareth.

Après avoir lu le peu qu'on trouve de ce sujet dans l'Évangile, lorsque J. C. alla au temple à l'âge de douze ans, on se mettra en présence de Dieu.

On se représentera ensuite ce Divin Sauveur, ignoré et méconnu pour ce qu'il étoit jusqu'à l'âge de trente ans, dans le sein de sa Mère, à Bethléem, en Égypte, à Nazareth; s'abstenant de faire des miracles, arrêtant l'impression trop vive de sa Divinité et de ses Vertus, ne parlant pas de sa mission, s'occupant du travail des mains, et obéissant avec la plus grande ponctualité, et dans les choses les plus humbles, à la Sainte Vierge et à Saint-Joseph.

Dans le second prélude, on le priera, ainsi que sa Sainte Mère et Saint-Joseph, de nous aider à bien sentir les avantages de l'Obéissance et de la Vie cachée.

On réfléchira sur chacune des circonstances de la Vie cachée de J. C. pendant trente ans, et sur-tout de son Obéissance. D'après son exemple on s'excitera à une Obéissance prompte, entière et joyeuse, à l'égard de tous ses Supérieurs Ecclésiastiques et Temporels. *Toute puissance vient de*

Dieu, dit Saint-Paul. On s'excitera de même à l'amour de la Vie cachée, la plus sûre gardienne de l'humilité et de toutes les vertus. *Aimez à être oublié*, dit l'auteur de l'Imitation.

On se prescrira pour la journée de prévenir en tout les desirs de ses Supérieurs, et on tâchera de vivre d'une manière plus retirée. Le colloque se fera avec J. C. dans son enfance et sa jeunesse, la Sainte Vierge et Saint-Joseph, les meilleurs modèles d'une vie dépendante et cachée.

Le bouquet spirituel sera ces paroles de l'Évangile : *Il se retira avec eux à Nazareth ; et il leur étoit soumis.*

MÉDITATIONS

Sur les Mystères de la Vie publique de J. C.

Quoique la Vie cachée soit l'élément du chrétien, Dieu en appelle quelques-uns à la Vie publique, et il est pour tous des circonstances où l'on ne peut se dispenser de paroître en société. Mais parce que les dangers qu'on y court, sont plus grands que ceux qu'on rencontre dans la solitude, Saint-Ignace, pour nous aguérir, et nous mettre à même d'en sortir avec honneur, s'attache, dans les cinq Méditations suivantes, qui sont comme le prélude de celles sur la Vie publique de J. C., à relever et affermir notre courage, en nous proposant des motifs plus puissants de nous attacher à ce Divin Sauveur (Méd. *des deux Étendards*); en nous faisant sonder plus à fonds nos dispositions (Méd. *des trois Classes*); en élevant ces dispositions jusqu'au plus parfait (Méd. *des trois dégrés d'Humilité*); et en nous traçant des moyens sûrs de connoître la volonté de Dieu (Méd. *de l'Election*); et les artifices les plus déliés du Démon (Méd. *sur un Discernement plus parfait des esprits*). C'est ici un des plus beaux et des plus utiles endroits de sa Retraite.

MÉDITATIONS PRÉPARATOIRES

A celles des Mystères de la vie publique de J. C.

VIIIe. MÉDITATION.

Des deux Étendarts.

C'est ici que Saint-Ignace redouble d'efforts pour nous attirer et nous fixer irrévocablement à J. C. ; c'est dans cette Méditation qu'il forma le dessein d'instituer un Ordre sous le nom militaire de Compagnie de Jésus, dans laquelle on s'engageoit particulièrement à imiter ce divin Sauveur, et à combattre sous ses étendards les ennemis de sa religion. Il intitule cette Méditation *Des Deux Étendards*, d'après les idées guerrières qu'il avoit prises dans sa jeunesse au service de son Prince ; et parce qu'il y représente J. C. et le Démon son ennemi mortel, comme deux chefs de parti qui cherchent à l'envi à se faire des partisans. Il est

question

question de se décider à marcher hautement et sans crainte sous les Étendards du premier. C'est pour tout homme seulement raisonnable, le seul parti légitime, honorable et avantageux.

Quelque rapport que la Méditation *du Règne* de J. C. ait avec celle *des deux Étendards*, puisqu'il est question dans l'une et dans l'autre de s'attacher à J. C. et de le suivre, elles diffèrent cependant en ce que ce divin Sauveur, dans la première, n'est considéré qu'en lui-même, comme le modèle de tous les chrétiens dans les circonstances ordinaires de la Vie illuminative, tandis que dans le second on le met en opposition avec son mortel ennemi, et qu'on le propose en particulier aux hommes publics, ou à tous les hommes dans les circonstances délicates où il est question de se prononcer hautement pour la vertu.

Pour bien profiter de cette importante Méditation, après s'être mis en présence de Dieu, on se représentera, d'après les idées de Saint-Ignace, le Fils de l'homme au commencement de sa prédication évangélique, assis sur la montagne où il fit le beau discours qui en prend le nom, et annonçant aux peuples qui couroient en foule pour l'entendre, et que ses premiers miracles attiroient autour de lui, l'Évangile du royaume de Dieu. On se figurera l'air de dignité et les manières aimables qui accompagnoient ses discours, et on croira entendre *les paroles de grâces* qui couloient de ses lèvres divines. Son Évangile nous donne les idées les plus justes de nos devoirs à l'égard de Dieu, du prochain et de nous-mêmes; idées qu'on ne trouve dans aucun des écrits des philosophes Payens, et qui nous tracent la seule route du bonheur. Toute sa morale se réduit à ce peu de mots: *Apprenez de moi que je suis doux et humble de cœur;* et sa grâce, si l'on y est fidèle, en aplanit les difficultés: *mon joug est doux, et mon fardeau est léger.*]

On croira voir d'un autre côté, dans les plaines de Babilonie, Lucifer, l'ennemi mortel de l'Homme-Dieu avec une figure affreuse et un air sinistre, environné d'une multitude d'Anges rebelles qu'il engage à tenter les hommes par toutes sortes de moyens, et surtout par les plaisirs des sens. Sa morale est totalement opposée à celle de J. C. C'est d'abord le plaisir sensuel et ses fausses douceurs qu'il présente, comme autrefois le fruit défendu à la première femme; mais comme on ne peut guères se procurer de plaisirs lorsqu'on est dans l'indigence, il fait luire aux yeux de ceux qui l'écoutent l'or et les richesses ; il faut à quelque prix que ce soit en acquérir ; c'est un moyen sûr d'avoir des jouissances. Et, pour donner un appât de plus, il flatte l'orgueil en laissant appercevoir dans une perspective agréable la considération et les honneurs que le plaisir et l'opulence attirent à ceux qui les réunissent. Voilà les trois grandes sources du péché, dont il ne manque pas de cacher les suites funestes, je veux dire le déshonneur, le remords et le désespoir.

Considérant ensuite la multitude de personnes de tout âge, de tout sexe, de toute condition, qui se laissent séduire par ses vaines promesses, et qui, quelquefois, après avoir goûté le don de Dieu, retournent en arrière et abandonnent J. C., comme firent quelques-uns de ses Disciples à Capharnaüm, nous croirons entendre ce divin Maître nous dire, comme alors à ses douze Apôtres : *Et vous, voulez-vous aussi me quitter ?* et nous le prierons de nous soutenir dans son service, et de nous fixer, sans retour, sous ses Étendards ; ce sera le second prélude.

Marcher sous les étendards de J. C., est le seul parti légitime. J. C. seul est notre Roi, notre Maître, notre Rédempteur, notre Juge.

C'est le seul parti honorable ; il n'y a que sa morale qui agrandisse nos idées, qui ennoblisse nos sentiments, qui nous rende capables de grandes choses.

C'est le seul parti avantageux ; il nous procure dans ce monde le vrai bonheur, c'est-à-dire la paix de l'ame, et dans l'autre une félicité éternelle.

Le respect humain pourroit-il nous arrêter ? Eh ! que sont les discours et les menaces du monde ! Ses discours nous ôtent-ils rien de l'estime que nous méritons ? Est-il lui-même si estimable ? Et ne nous estime-t-il pas au fond, lors même qu'il a l'air de nous condamner ? Ses menaces, Dieu sait bien les rendre inutiles ; et toutes les persécutions qu'il peut nous susciter, effleurent-elles seulement le calme et la paix dont jouit l'homme vertueux ?

Nous nous humilierons d'avoir si souvent, par le péché, quitté la bannière de J. C., pour suivre celle du Démon. Nous nous proposerons de nous fixer tout entiers à son service. Nous renouvellerons à cette intention les vœux de notre baptême ; et sans nous astreindre à rien de plus que nos devoirs ordinaires, nous afficherons, pour la journée, dans notre chambre, un écrit où nous nous proposerons d'être plus fidèles aux devoirs de Chrétien et à ceux de notre état. *Et à qui irions-nous, Seigneur,* pouvons-nous dire pour bouquet spirituel, avec Saint Pierre? *Vous avez les paroles de la Vie éternelle.*

IXe. MÉDITATION.

Des Trois Classes.

AFIN de connoître jusqu'à quel point on peut compter sur la résolution qu'on a prise, de marcher hautement sous l'Étendard de J. C., Saint-Ignace, dans cette Méditation qu'il appelle *Des Trois Classes*, nous peint au naturel les trois sortes de personnes qui s'annoncent ordinairement pour vouloir servir Dieu et se sauver. Il les compare à trois Marchands qui, trop attachés au bien qu'ils ont cependant légitimement acquis, et sentant que cette attache peut nuire à leur salut, veulent s'en déprendre de manière ou d'autre, fallût-il même distribuer aux pauvres le gain qu'ils ont fait ; à trois Malades qui veulent guérir de leur maladie ; à trois Gentilshommes que le prince appelle à l'armée, et qui sentent qu'ils doivent s'y rendre ; mais il observe que ces trois sortes de personnes ne veulent pas toujours au même degré l'une que l'autre ce qu'ils sentent être obligés de faire ; et après nous avoir fait voir le degré où chacune le veut, et nous avoir fait nous demander à nous-mêmes, qui sont celles qui le veulent réellement ? il nous fait examiner dans quelle Classe nous sommes par rapport au salut et à notre avancement spirituel, c'est-à-dire à quel degré nous le voulons.

Le premier Marchand veut bien se déprendre de l'attache désordonnée qu'il a au bien qu'il a acquis ; il en sent l'obligation ; mais il diffère toujours sous différents prétextes, et il diffère jusqu'à la mort, à examiner ce qu'il a à faire. Le premier Malade veut bien guérir de sa maladie, mais il n'appelle pas encore le médecin, et il ne fait aucun remède. Le premier Gentilhomme, malgré son dévouement apparent pour son prince, ne peut pas s'arracher aux plaisirs qu'il goûte dans ses terres. Il n'en est pas de même, à la vérité, du second Marchand ; il veut aussi se déprendre de son attache désordonnée au bien dont il est question ; mais c'est pourvu qu'il le conserve ou qu'il en dispose suivant ses idées, sans examiner s'il n'est pas plus à propos qu'il s'en dépouille tout-à-fait, ou qu'il en dispose de telle manière. Le second Malade a fait venir un médecin ; il se détermine à faire quelque remède, mais ce sont les plus agréables et les moins efficaces, au risque de pallier son mal ou de guérir plus lentement. Le second Gentilhomme est parti pour l'armée, mais il ne veut servir que dans tel grade et dans telle circonstance. Est-ce bien là vouloir ce qu'on se propose, dit Saint-Ignace, en parlant des personnes de la seconde Classe ? Car pour celles de la première, il est évident qu'elles n'en ont pas même la volonté, puisqu'elles diffèrent toujours de la mettre à exécution. Et ne sont-ce pas seulement le Marchand, le Malade et le Gentilhomme de la troisième Classe, qui veulent efficacement ce qu'on attend d'eux, parce que, sentant qu'il leur faut prendre une détermination, ils examinent sans délai celle qu'il est plus à propos de prendre ; que, dans cet examen, ils ne consultent pas leurs propres idées, mais la chose en elle-même et dans ses suites ; et que, dans l'exécution, ils sont résolus de marcher, s'il est permis de s'exprimer ainsi, sur le ventre de toutes les difficultés ?

Après s'être mis en présence de Dieu, on se représentera J. C., notre Maître et notre Modèle, suant sang et eau au Jardin des Olives, à la vue du Calice de sa passion, et se décidant généreusement à le boire jusqu'à la lie pour obéir à son Père et procurer le salut des hommes. Dans le second prélude, on le priera de nous revêtir de la force d'en haut, afin que nous nous décidions généreusement et sans délai à prendre, dans l'affaire de notre salut et de notre avancement spirituel, les moyens les plus efficaces, quelque difficiles qu'ils soient.

On se rappellera ensuite la comparaison des trois Marchands, des trois Malades, des trois Gentilshommes; et l'on se persuadera bien qu'il n'y a que ceux de la dernière Classe qui veulent réellement arriver à leur but, parce qu'eux seuls le veulent avec bon sens et avec raison.

On se demandera alors à soi-même : « Dans quelle Classe suis-je par rapport à mon salut et à mon avancement spirituel? Avec ma bonne volonté apparente y travaillai-je réellement, et sur tous les objets qui y tiennent? Ou bien n'en est-il pas quelques-uns auxquels je n'ai pas encore mis la main? 2°. N'est-ce pas d'après mes idées et mes goûts que je m'en occupe, au moins sur certaines choses que j'ai peine à sacrifier toutes entières, et sur lesquelles j'attire plutôt à moi la volonté de Dieu que je ne me plie à la sienne? S'il en est ainsi, il est certain que je ne veux qu'à demi marcher sous les Étendards de J. C. Ah! puisqu'il en est encore temps, et que même le temps peut presser, je ne différerai plus sur une affaire de cette conséquence, et ma conduite va répondre à mes résolutions. Ce ne sera pas non plus par mes idées que j'agirai; la seule volonté de Dieu sera ma règle : pour la connoître, je mettrai tout en œuvre, prières, aumônes, mortifications, réflexions, conseils; comme, pour la mieux goûter, je chercherai à m'établir dans une entière indifférence pour tout, excepté pour le bon plaisir de Dieu. »

Si l'on se sent de la répugnance pour quelque chose, par exemple, la pauvreté volontaire, il est très-utile, pour la surmonter, dit Saint-Ignace, de demander à Dieu de nous appeler de préférence à cet état de pauvreté, si cela contribue davantage à sa gloire, prenant garde néanmoins de ne s'engager à rien par vœu, et de conserver la liberté de prendre le parti le plus convenable au service de Dieu. L'objet de cette demande est de nous mettre dans une parfaite indifférence. L'homme qui la fait, agit comme un jardinier habile, qui, voyant qu'un arbre qu'il a intérêt de soigner, penche trop d'un côté, l'assujétit à pencher trop du côté opposé, afin qu'ensuite il prenne pour toujours la direction moyenne, la seule qui soit convenable. D'ailleurs, l'objet de la demande, dans le cas présent, est le parti le plus sûr; et en tout état de cause, il ne gêne pas notre liberté, puisqu'on ne s'engage à rien par vœu; et il ne dérange rien aux vues de Dieu, qui peut vouloir que nous n'embrassions pas l'état de pauvreté, et à qui nous ne le demandons qu'autant que ce sera sa volonté.

On mettra toutes ces résolutions sous la protection de la Sainte-Vierge, de son bon Ange, de ses saints Patrons, et on écrira, à la suite de ce qu'on a déjà affiché dans sa chambre, ces paroles de l'Apôtre, au moment de sa conversion : *Seigneur, que voulez-vous que je fasse ?* ou celles de J. C., au Jardin des Olives : *Que ce ne soit pas ma volonté qui s'accomplisse, ô mon Dieu, mais la vôtre.*

Xe. MÉDITATION.

Des Trois Degrés d'Humilité.

Pour nous fixer d'une manière encore plus parfaite sous l'Étendard de J. C., Saint-Ignace va plus loin dans cette Méditation, qu'il appelle *Des Trois Degrés d'Humilité.* Il entend ici par Humilité la soumission à la volonté de Dieu, qui en effet emporte avec soi l'Humilité. Il en propose trois degrés, afin que nous examinions auquel nous sommes arrivés, et que nous tendions à celui qui est plus parfait. Le premier consiste à ne s'écarter jamais de cette volonté sainte par le péché mortel. Ce degré est essentiel au salut ; on a travaillé, pour s'y mettre, dans les exercices de la première semaine. Par le second, on ne veut pas mettre d'opposition à la volonté de Dieu par le péché véniel ; ce degré est plus parfait, et nécessaire sous bien des rapports. Le troisième, qui convient aux ames qui tendent à la perfection, consiste à desirer tellement la volonté de Dieu, que, quand on supposeroit pouvoir également se sauver et lui plaire par la pauvreté ou l'abondance, le mépris ou les honneurs, les souffrances ou le plaisir, on préféreroit cependant, sans rien déranger aux vues de Dieu sur son ame, la pauvreté à l'abondance, le mépris aux honneurs, les souffrances aux plaisirs, par la seule raison que J. C. nous en a donné l'exemple, et que notre vie sera plus conforme à la sienne. Il y a une grande liaison entre les deux Méditations précédentes, celle-ci, et sur-tout la suivante, dans laquelle on apprend à faire en tout un bon choix.

Après s'être mis en présence de Dieu, on se représentera J. C., la sainteté même ; se condamnant à la pauvreté, aux humiliations et aux souffrances, pour nous racheter, et pour nous donner aussi l'exemple de la manière dont nous devons nous résigner à sa Providence qui nous les envoie, ou entrer dans les vues de sa Sagesse, qui quelquefois nous conseille de les embrasser volontairement. Dans le second prélude, on le priera de nous donner le courage de marcher sur ses traces.

On ne s'arrêtera pas long-temps sur le péché mortel, sur lequel on a déjà médité dans la première Semaine.

On approfondira davantage les motifs qui doivent nous éloigner du péché véniel. Ce péché refroidit Dieu à notre égard, il interrompt le cours de ses grâces, il nous affoiblit dans la pratique du bien, il nous dispose aux grandes fautes. *J'ai toujours craint Dieu*, disoit Job, *il a été pour moi, comme le seroient des flots suspendus sur ma tête ; et je n'ai pu en supporter le poids.*

Mais on s'arrêtera plus particulièrement au troisième degré de conformité à la volonté de Dieu. « J. C., sans y être obligé, a embrassé la pauvreté, les humiliations et les souffrances, pour nous donner l'exemple de les accepter, lorsqu'il nous les envoie ou qu'il nous les conseille : d'après un si généreux motif, puisque d'ailleurs elles sont si utiles pour mon salut, je ne balancerai pas à les embrasser volontairement, quand même je pourrois m'en dispenser, pourvu que je ne dérange rien aux desseins de la Providence, qui peut vouloir que je ne sois ni pauvre, ni humilié, ni souffrant; et dans ce dernier cas, je me rapprocherai le plus qu'il me sera possible du détachement, de l'humilité et de la pénitence. Plus je ressemblerai à J. C., plus je serai glorifié avec lui. » Ce choix convient aux ames qui s'occupent de leur avancement spirituel, il est la perfection de l'amour et de l'Imitation de J. C.; « ne puis-je donc pas y atteindre comme les autres ? » *La nature ne voit que la* peine et la croix, dit Saint-Bernard, mais l'onction de la grâce adoucit les sacrifices.

Mettons-nous dans le colloque sous la protection de ceux qui, d'après l'exemple de J. C., se sont élevés à cet héroïsme de vertu, et jouissent dans le Ciel de la récompense qui lui est due; tels que la Sainte-Vierge, les Saints religieux, Saint-Ignace.

Le bouquet spirituel sera ces paroles de Sainte-Thérèse : *Ou souffrir ou mourir;* ou celles-ci de Sainte-Madeleine de Pazzi : *Plutôt souffrir que mourir.*

XIe. MÉDITATION.

De l'Élection.

Lorsque le Chrétien est disposé, comme il doit l'être par les Méditations précédentes, à suivre en tout la volonté de Dieu, et à imiter J. C. malgré les obstacles qui se présenteront, et même jusqu'à l'héroïsme, il y a lieu d'espérer qu'il appliquera comme il faut dans l'occasion les règles que Saint-Ignace donne dans cette Méditation, pour discerner d'une manière sûre cette divine volonté. Ces règles existoient avant le Saint, mais il les développe avec un ordre et une clarté particulière dans cette Méditation, qu'il appelle pour cela *De l'Élection*. Méditation importante, parce qu'elle est comme le but auquel les autres tendent, et que la pratique en revient presqu'à chaque instant. Il est précieux et glorieux pour un Chrétien de bien faire en toutes choses l'Élection, c'est-à-dire de se déterminer sûrement, quand il a à faire un choix : ce sera la première chose sur laquelle on réfléchira. La seconde nous fera connoître quel est l'objet, le temps et la manière de faire l'Élection.

Après s'être mis en présence de Dieu, on se représentera Saint-Ignace, dans la solitude de Manreze, faisant lui-même l'Élection sur chacun des points de ses Exercices spirituels; ou à Rome, sur les constitutions de son Ordre. Il sera bon de lire dans sa vie (par le

P. Bouhours, *in-*4°., p. 227, et *in-*12, p. 238), comment il s'y prit sur ce dernier article. Dans le second prélude, on remerciera le Saint-Esprit d'avoir dirigé le Saint dans les règles qu'il nous présente pour bien faire l'Élection. On demandera à Dieu la grâce de les bien comprendre et de les appliquer avec justesse. On priera, à cette intention, Saint-Ignace lui-même.

Combien il est précieux pour un Chrétien de bien faire l'Élection, c'est-à-dire de savoir en tout se décider sûrement, et de ne s'écarter jamais, dans le parti qu'il prend, des principes du bon sens et de la foi! Combien cette science lui est glorieuse, au milieu de l'égarement général causé par les ténèbres de l'esprit humain, et des nuages que nos passions élèvent autour de nous! Ajoutons de quelle utilité, avec cette science, il peut être pour l'Église et pour l'État! Nous ne développons pas ces idées, on en sentira bientôt la solidité.

Objet, temps et manière de faire l'Élection.

L'objet de l'Élection doit être bon et conforme aux décisions de l'Église. On ne délibère jamais sur quelque chose de mauvais ou de contraire aux principes de la foi. On ne délibère pas non plus sur la fin; si l'on doit se sauver; mais seulement sur les moyens de le faire : et ceux-là se trompent, dit Saint-Ignace, qui se décident d'abord pour un état, le mariage, l'état ecclésiastique, l'état religieux, et qui examinent ensuite comment ils s'y sauveront. C'est renverser l'ordre. Il faut dire d'abord : « Je veux me sauver ; » et ensuite : « le puis-je dans cet état ? » Les choses qui ne sont pas à notre disposition ne peuvent pas non plus être soumises à l'Élection ; ainsi, ceux qui sont mariés, ou dans les Saints Ordres, y fussent-ils entrés sans vocation, n'ont plus qu'à délibérer sur les moyens de tirer parti, pour leur salut, de la démarche imprudente qu'ils ont faite, et de s'appliquer, par la prière et la vigilance, à remplir les devoirs de leur état. Quant aux choses sur le choix desquelles on pourroit absolument revenir, il est inutile aussi de le faire, si on s'y est décidé avec maturité et sagesse ; il ne faut que s'affermir dans son choix, en s'assurant de la volonté de Dieu, et en s'y attachant avec constance. Si l'Élection, quoique bonne, n'avoit pas été assez chrétienne, on rectifieroit ce qu'elle a d'imparfait, et on purifieroit de nouveau son intention. Un des principaux objets de l'Élection dans la jeunesse, c'est le choix d'un État; mais ici il faut prendre garde de rien donner au hasard ou à la passion. La vocation divine, dit Saint-Ignace, se connoît à la pureté du motif que jamais aucune passion ne vient altérer. Mais en tout temps, on ne doit rien faire d'important sans Élection : une place à accepter, sa maison, son temps, sa dépense, ses visites, ses aumônes, ses œuvres de piété à régler, sa passion dominante à connoître et à vaincre, son testament à faire, etc., il faut tout peser au poids du Sanctuaire. Un bon esprit qui a de la foi, doit même s'habituer à ne rien dire et à ne s'arrêter à aucune pensée, aucun sentiment, à ne se déterminer à aucune action, quelque peu importante qu'elle soit, sans faire auparavant l'Élection.

Saint-Ignace distingue trois temps propres à faire cette Élection. Le premier se présente rarement, et tient du miracle. C'est J. C. qui appelle Saint-Matthieu, ou qui terrasse Saint-Paul sur le chemin de Damas; la grâce agit alors tellement sur la volonté, qu'on ne peut douter que c'est Dieu qui parle. Le second temps arrive plus communément. On voit assez que c'est Dieu qui parle; mais on n'en a pas une pleine certitude. C'est un attrait de consolation, ou quelqu'autre sentiment qu'on sent ne pouvoir venir que de Dieu, mais qui cependant n'est pas à l'abri de l'illusion. Dans ces deux temps, la volonté est attirée sans discussion; mais dans le troisième, le raisonnement précède et attire la volonté; l'ame calme et tranquille, après avoir examiné le pour et le contre de l'objet en question, juge que telle chose la conduira plus directement à sa fin. Le point essentiel est de se répondre qu'on est dans le calme, sans quoi, comme on l'a vu, dans la Méditation du Discernement des Esprits il ne seroit pas sûr de prendre un parti. On connoît qu'on est dans cet état, dit le Saint, quand n'étant plus agitée par le combat des différens Esprits, l'ame exerce librement ses facultés; car à moins qu'on ne soit dans l'un des deux premiers temps, il faut attendre le troisième pour faire un bon choix; il faut même revenir à ce troisième, pour se répondre qu'on ne s'est pas trompé dans le second; et si les décisions de ces deux temps étoient contradictoires, il faudroit préférer celle du troisième, comme étant la plus sûre, pourvu qu'elle soit appuyée sur de bonnes raisons, telles que celles que nous allons indiquer. On sent que le Saint ne parle pas ici pour les personnes travaillées de scrupule, qui ont rarement assez de liberté pour se décider par elles-mêmes.

Quant à la manière de faire l'Élection, il faut : 1°. se proposer l'objet sur lequel on doit délibérer ; telle chose, faut-il la faire, ou ne la pas faire ? 2°. Il faut se remettre devant les yeux la fin de sa vocation au Christianisme, ou à l'état Ecclésiastique, ou à l'état Religieux, etc. Si l'on a déjà pris des engagements, il faut se dire : « Je ne dois rien faire qui me détourne de mes engagements ; je dois être indifférent pour tout ce qui n'y a pas rapport ; je dois rechercher avec empressement tout ce qui me les fera mieux remplir. » 3°. Il faut se mettre dans l'indifférence pour le oui ou le non, par rapport à l'objet sur lequel on doit délibérer ; examiner l'attrait ou la répugnance qu'on peut y avoir ; tâcher de découvrir de quel Esprit ils viennent ; est-ce de Dieu, est-ce du Démon ? Y renoncer, si cet attrait ou cette répugnance viennent du mauvais Esprit ; si l'on n'en distingue pas bien le principe, se mettre en garde contre cet attrait ou cette répugnance, et sur-tout se tenir pour le oui ou le non dans un équilibre parfait. Si l'on ne ne vise pas à cette indifférence précieuse, on ne se décidera pas bien. Ce sont des raisons solides qui doivent nous déterminer, et non l'attrait ou la répugnance. 4°. Il faut faire quelques prières de surérogation, beaucoup d'oraisons jaculatoires, prier Dieu d'éclairer notre esprit, et d'incliner notre volonté du côté qui contribuera à sa gloire, lui disant avec Saint-Ignace : « Voulez-vous telle chose ? » Et un moment après : « Ne la voudriez-vous pas, Seigneur ? » Faire aussi, à cette intention, quelques mortifications, quelques aumônes, ou faire dire des messes. 5°. Il faut prendre le temps de trouver les raisons pour et contre l'objet sur lequel on doit se décider, sans rien précipiter ; écrire ces raisons sur deux papiers différents, à mesure qu'elles se présentent ; les comparer les unes aux autres, les peser avec attention : « Cela ne m'éloignera-t-il pas de ma fin ? Y parviendrai-je aussi sûrement et aussi vîte que par tel autre moyen ? » 6°. Revenir plusieurs fois à cet examen ; imposer silence à la passion et à toutes affections charnelles ; consulter des personnes éclairées et impartiales, quand la chose l'exige, et ne se décider que d'après le bon sens éclairé des lumières de la Foi. 7°. Si l'on éprouvoit quelqu'incertitude en se décidant, il faudroit se dire à soi-même pour en sortir : « Que conseillerois-je à mon meilleur ami qui me consulteroit sur cet objet ? » Ou bien : « Que desirerois-je avoir fait au lit de la mort et quand je paroîtrai au Jugement de Dieu ? » Ces deux réflexions donneront encore beaucoup de lumières. 8°. Lorsque l'Élection est faite, il faut recourir à la prière, se prosterner devant Dieu, lui offrir le parti qu'on a pris, le supplier de le bénir puisqu'il lui est agréable, de nous y affermir, et de nous aider à le suivre. 9°. Ne plus écouter, après l'Élection faite, ce que l'imagination et le sentiment voudroient nous suggérer de contraire, à moins qu'il ne vînt des raisons nouvelles qui n'eussent pas été examinées dans l'Élection ; car alors il faudroit la recommencer, en suivant la méthode ci-dessus. 10°. Dans les choses imprévues, ou qui reviennent à chaque instant, il suffit, pour bien faire l'Élection, d'élever son cœur à Dieu, de jeter un coup-d'œil sur le pour et le contre; si on se tient bien dans l'indifférence, Dieu dira bientôt ce qu'on a à répondre ou à faire.

Ces Règles sur l'Élection veulent être méditées avec attention. S'il faut les méditer plusieurs fois, on le fera.

A la fin de cette Méditation, on s'humiliera d'avoir si souvent, depuis l'âge de raison, décidé inconsidérément sur des choses importantes, et qui tenoient au salut ou à notre avancement spirituel. On examinera ce qui a le plus contribué à ces décisions inconsidérées: est-ce l'imagination, est-ce le sentiment? On prendra la résolution d'être à l'avenir très-fidèle aux Règles que Saint-Ignace donne pour faire l'Élection, et de les lire souvent, jusqu'à ce qu'on ait arrêté avec le Directeur de la Retraite le réglement de vie qu'on doit se faire. On les lira souvent même après la Retraite, afin de se les mettre bien dans l'esprit, et de s'habituer à en faire usage dans l'occasion. On prendra enfin la résolution de ne plus rien faire sans l'Election, même dans les choses légères ou imprévues.

Dans le colloque, on remerciera de nouveau le Saint-Esprit et Saint-Ignace de nous avoir donné ces Règles.

Le bouquet spirituel sera ces paroles des Apôtres avant l'Election de Saint-Matthias : *Montrez - nous, Seigneur, celui que vous avez choisi.*

XIIe. MÉDITATION.

Autres Règles pour un Discernement plus exact des Esprits.

Les premières Règles que Saint-Ignace a données pour le Discernement des Esprits n'étoient que pour les commençans; voici les secondes, qui ne doivent être données qu'à ceux qui sont plus avancés; elles doivent servir dans l'Election; elles aident à la faire avec plus de sûreté.

Après s'être mis en présence de Dieu, on fera les mêmes préludes que dans la Méditation sur les premières règles pour le Discernement des Esprits. On considérera ensuite combien ces règles sont précieuses. On relira ces premières règles dont les secondes qu'on va voir, ne sont que la suite, et on réfléchira sur chacune. On passera ensuite à celles-ci, qu'il faut lire aussi avec attention.

1°. Toutes les fois que Dieu agit sur une ame, il en bannit toute tristesse, toute espèce de trouble que le Démon y auroit excité ; il y répand une douce et tranquille allégresse. Le Démon, au contraire, y étouffe ces sentiments de joie par mille raisonnements sophistiques couverts d'une apparence séduisante de vérité.

2°. Il n'appartient qu'à Dieu de consoler l'ame sans qu'elle ait eu auparavant aucun sujet de consolation, parce que c'est le propre du Créateur d'entrer, quand il lui plaît, dans le cœur de sa créature, de s'en emparer et de l'enflammer de son amour. On dit qu'aucune cause naturelle ne précède la consolation, lorsque ni les sens, ni l'entendement, ni la volonté, n'ont été frappés d'aucun motif qui puisse produire la consolation.

3°. Lorsque la consolation a été précédée de quelque chose qui l'a produite, elle peut venir également du bon et du mauvais Esprit; mais leur intention est différente. Le bon Esprit ne cherche qu'à faire profiter l'ame dans la connoissance et la pratique du bien, tandis que le mauvais Esprit ne veut que la troubler pour lui faire offenser Dieu.

4°. Le mauvais Esprit se transforme souvent en Ange de Lumière. Il a l'air de se prêter aux pieux desirs de l'ame; mais ce n'est que pour l'attirer au péché. Il dit au commencement comme l'ame vertueuse; mais peu-à-peu il l'attire, et la surprend dans ses piéges trompeurs.

5°. Il faut examiner avec soin ses pensées quant au commencement, au milieu et à la fin. Si rien ne s'y dément, c'est une preuve qu'elles viennent du bon Esprit. Mais si en les examinant, on découvre quelque chose qui soit mal en soi-même, ou qui détourne du bien, ou qui porte à un moindre bien que celui qu'on avoit résolu d'abord, ou même quelque chose qui gêne, fatigue, tourmente l'ame, et lui ôte la paix dont elle jouissoit auparavant, c'est un signe que ces pensées viennent du mauvais Esprit.

6°. Toutes les fois que dans une inspiration qui paroissoit bonne d'abord, l'ennemi se décèle par la queue, comme dit Saint-Ignace, c'est-à-dire par la fin pernicieuse et dangereuse à laquelle il ne manque jamais d'amener adroitement, alors il est à propos de revenir sur soi-même, de reprendre toute la suite de ses pensées, et d'observer quel prétexte honnête, raisonnable et chrétien en apparence, s'est d'abord présenté à nous; par quel artifice le Démon a commencé à étouffer le goût spirituel qu'on ressentoit, comment il a réussi peu-à-peu à troubler la paix de l'ame, pour y insinuer son poison. Nous connoîtrons ainsi par notre propre expérience ses artifices, et nous serons plus en état de les éviter à l'avenir.

7°. Les deux Esprits s'insinuent d'une manière bien différente dans les ames fidèles. Le bon Esprit vient d'une manière aimable. Il entre doucement comme l'eau dans une éponge, et la remplit peu-à-peu et sans effort. Le mauvais Esprit, au contraire, vient avec une espèce de bruit et de fracas. Il est dur, violent, impétueux. C'est comme une pluie d'orage, qui tombe avec impétuosité sur un rocher. Ces deux Esprits prennent une route opposée pour s'insinuer dans les ames infidèles. Dieu se présente en juge terrible par le remords, et le Démon comme un ami perfide qui continue à séduire son ami. La raison de cette différence, est la différence elle-même de la disposition de l'ame à l'égard de l'un et de l'autre Esprit. Ainsi, quand ils trouvent une ame qui résiste à leurs inspirations, cette résistance les oblige l'un et l'autre à se présenter avec éclat pour entrer comme de force; tandis que s'ils trouvent une ame amie et disposée comme ils le desirent, ils entrent paisiblement comme dans une maison ouverte et qui leur appartient.

8°. Toutes les fois que la consolation vient sans qu'aucune cause naturelle l'ait précédée, quoiqu'on puisse sûrement la regarder comme venant de Dieu, et s'y prêter sans aucune crainte de surprise, il faut cependant bien distinguer le temps présent de la consolation, d'après celui qui le suit immédiatement. Dans ce second temps, l'ame encore échauffée ne ressent plus que quelques restes des divines faveurs. Alors elle peut être sujette à quelqu'illusion. Car il arrive assez fréquemment que, suivant la disposition où elle se trouve, soit de son propre mouvement, soit par l'impression du bon ou du mauvais Esprit, elle éprouve certaines affections sur lesquelles elles se sent portée à prendre des résolutions. Comme ces affections ne viennent pas immédiatement de Dieu, il seroit dangereux de se décider trop tôt. Il convient donc alors de se tenir comme en suspens, de consulter, d'examiner avec soin, de discuter de sang-froid ce qui se présente à résoudre, avant que de rien décider, et sur-tout avant de rien exécuter.

A la fin de cette Méditation, on examinera en quoi toutes ces Règles nous regardent. On prendra en conséquence des résolutions. On se proposera surtout de relire souvent ces Règles, ainsi que les premières faites pour les personnes les moins avancées, afin de s'en pénétrer de manière à en profiter dans l'occasion.

Le colloque se fera comme au commencement; et le bouquet spirituel sera le même que dans la Méditation sur les premières Règles : *Ne croyez pas à tout Esprit; mais éprouvez si l'Esprit vient de Dieu.*

MÉDITATIONS

Sur la Vie publique de J. C.

Les cinq Méditations précédentes étant faites pour nous attacher plus fortement à Dieu, malgré tous les obstacles qu'on rencontre dans son service, et nous disposer à méditer sur les vertus nécessaires dans le commerce avec les autres, il y a lieu d'espérer qu'on imitera généreusement les exemples de vertu que J. C. nous a donnés dans sa Vie publique. On trouve dans les Exercices spirituels de Saint-Ignace une suite de Méditations sur ce sujet. Pour ne pas trop nous étendre, nous nous bornerons aux trois suivantes, auxquelles toutes celles qui sont indiquées par le Saint, peuvent se rapporter. Elles renferment pour la Vie publique nos devoirs à l'égard de Dieu, du prochain et de nous-mêmes.

XIIIe. MÉDITATION.

Sur la Pureté d'Intention.

Un homme public, un chrétien, dans le commerce avec les autres, doit premièrement n'agir que par le pur zèle de la gloire de Dieu; c'est ce qu'on appelle Pureté d'Intention. Motifs qui doivent le faire agir ainsi, et manière de le faire.

Après s'être mis en présence de Dieu, on croira entendre J. C. notre Maître et notre Modèle, dire aux Juifs qui le calomnioient : *Je ne cherche pas ma gloire, mais la gloire de celui qui m'a envoyé.* Dans le second prélude, on louera Dieu sur tout ce qui peut contribuer à sa gloire, et on lui demandera, par l'intercession de Saint-Ignace, de n'avoir pas d'autre motif dans nos actions que sa gloire.

Motifs de chercher en tout la gloire de Dieu. En quoi consiste cette gloire? Elle consiste (nous parlons de sa gloire accidentelle, et non de sa gloire essentielle qui fait de toute éternité son bonheur), elle consiste, dis-je, dans la manifestation de ses perfections divines, sur-tout relativement au bonheur des créatures raisonnables. Dieu est l'être le plus parfait; quoi de plus beau que de mettre au grand jour ses infinies perfections ! La plus admirable des créatures douées de raison, c'est l'homme ; quoi de plus louable que de contribuer à son bonheur, qui consiste dans la connoissance et l'amour de Dieu sur la Terre, connoissance et amour qui seront portés à leur comble dans l'Éternité. De toute Éternité, en se proposant de créer des êtres raisonnables, Dieu n'a eu d'autre but que de leur manifester sa gloire, et de les rendre heureux par cette manifestation ; pourrions-nous avoir un motif plus parfait dans nos actions ? J. C., dans le temps, n'a travaillé que pour la gloire de son Père, pourrions-nous nous tromper en agissant par le même principe ? *Si je cherche ma gloire*, disoit-il, *ma gloire n'est rien.*

Manière dont il faut travailler à la gloire de Dieu; il faut y travailler uniquement, sans nous proposer aucun autre motif. Il seroit pris des créatures, ou de nous-mêmes, pourroit-il être aussi noble, que quand il n'a que Dieu pour objet? *Si je cherche ma gloire, ma gloire n'est rien.* Observons cependant que le pur zèle de la gloire de Dieu, n'exclue pas notre bonheur ni l'espérance des biens éternels. Il faut travailler universellement à la gloire de Dieu, c'est-à-dire, dans toutes nos actions ; Dieu ne demande pas moins. *Soit que vous mangiez, soit que vous buviez,* dit l'Apôtre, *faites tout pour la gloire de Dieu.* Il faut travailler à la gloire de Dieu actuellement, autant cependant que la fragilité humaine le comporte ; et non pas seulement habituellement, de peur que l'habitude ne rallentisse la pureté de ce beau motif. Il faut travailler souverainement à la gloire de Dieu, de manière que tout, même nos intérêts les plus légitimes, soit subordonné à cette gloire.

Hélas ! avons-nous souvent agi pour la seule gloire de Dieu ! Humilions-nous d'avoir si peu agi par un motif aussi noble et aussi essentiel que celui-là. Proposons-nous de faire autrement.

Le bouquet spirituel sera la devise de Saint-Ignace : *A la plus grande gloire de Dieu.*

XIVe. MÉDITATION.

Sur l'Amour du Prochain.

Le grand devoir à l'égard du prochain, c'est de l'aimer. La plus grande gloire de Dieu consiste dans cet amour, suivant la parole de l'Apôtre : *Celui qui aime le Prochain a accompli la Loi.* Motif de cet amour et ses caractères.

Après s'être mis en présence de Dieu, on considérera le Fils de l'homme, s'assujétissant dès son entrée dans le monde, à toutes les misères de l'humanité, uniquement pour l'amour des hommes, supportant pendant les trois années de sa Prédication évangélique, les défauts de ses Apôtres, priant pour ses ennemis sur la croix, et y mourant pour nous de la mort la plus cruelle et la plus ignominieuse.

Dans le second prélude, on le suppliera de faire passer dans notre aime une étincelle de cet amour ardent qu'il a toujours eu pour ses frères.

Motifs d'aimer son Prochain. Dieu l'aime de toute éternité. Il l'aime malgré ses défauts et ses crimes. Il a fait un précepte de l'aimer. J. C. a renouvelé ce précepte. Il a dit qu'à son accomplissement on reconnoissoit ses vrais Disciples. Il regarde comme fait à lui-même ce qu'on fait au moindre de ses frères. Il commande même d'aimer ses ennemis. D'ailleurs nous avons tous le même père, nous avons été rachetés au même prix, nous sommes faits pour vivre ensemble, nous tendons à une même fin. La terre seroit un paradis si nous nous aimions les uns les autres.

Caractère de la Charité chrétienne. Elle doit être surnaturelle, et non l'effet du tempérament, de la sympathie, de la politesse, de la reconnoissance, de la politique. J. C. doit en être le modèle, le motif et la fin. Elle doit être sincère, et ne pas consister seulement dans les paroles. Il faut aimer ses frères du fond du cœur, comme on s'aime soi-même. Voilà la mesure de cet amour. Elle doit être efficace, c'est-à-dire, qu'il faut éloigner de lui le mal qui peut lui arriver, et lui procurer tout le bien qui est en notre pouvoir.

Gémissons d'avoir si peu supporté le prochain ; prenons la résolution de ne nous laisser jamais aller à l'envie, à la malignité, à l'aigreur, au mépris des autres, à la hauteur, à la colère, aux railleries piquantes, à la médisance, à la calomnie, aux jugements téméraires, aux soupçons injurieux, et même à la seule indifférence. Proposons-nous pour la journée quelques actes de charité à l'égard de ceux dont les manières nous reviennent le moins.

Le bouquet spirituel sera ces paroles que l'Apôtre Saint-Jean répéta si souvent dans sa vieillesse : *Mes petits enfants, aimez-vous les uns les autres. C'est là tout le précepte du Seigneur.*

XVe. MÉDITATION.

Sur l'Oubli de soi-même.

Le pur zèle pour la gloire de Dieu, et l'amour du prochain supposent l'Oubli de soi-même. Nécessité de cet Oubli ; jusqu'où il s'étend.

Après s'être mis en présence de Dieu, on considérera avec quelle générosité le Fils de Dieu a quitté le Ciel pour satisfaire à la justice de son Père, et pour sauver les hommes. A-t-il pu s'oublier davantage ? Dans le second prélude, on le suppliera de nous inspirer un généreux Oubli de nous-mêmes, afin que nous ne nous occupions qu'à étendre le règne de Dieu dans les ames.

Nécessité de l'Oubli de soi-même. Nous devons procurer en tout la gloire de Dieu. Nous sommes ses agents pour cette fonction ; et un agent doit oublier ses propres affaires, pour ne penser qu'à celles de celui au nom duquel il agit. D'ailleurs, le royaume de Dieu souffre violence : depuis le péché d'Adam nous avons tous à souffrir les uns des autres. Comment, sans sacrifier nos propres intérêts, pourrions-nous nous procurer la gloire de Dieu ? Qu'est-ce enfin que le précepte de la mortification intérieure et extérieure, sinon la pratique de l'Oubli de nous-mêmes ? Le bon Pasteur donne sa vie pour ses brebis ; et J. C. n'a-t-il pas dit qu'on ne pouvoit être son Disciple sans se renoncer soi-même ?

Jusqu'où cet Oubli doit-il s'étendre ? Jusqu'à sacrifier pour la gloire de Dieu et le salut du Prochain son temps, son repos, ses connoissances, son bien, ses commodités, ses répugnances, quelquefois sa réputation, sa santé et sa vie. Il y a des circonstances pour tous ces sacrifices. Un Évêque, un Roi, un Général d'armée, un Gouverneur de province, un Juge, un Médecin, un Soldat, etc, tout homme public en un mot, ne sont plus à eux-mêmes, et en mille circonstances la charité oblige aussi les particuliers à faire les mêmes sacrifices.

Il faut nous humilier de nous être tant recherchés lorsqu'il s'agissoit de la gloire de Dieu et du salut du Prochain; nous proposer d'être plus généreux à l'avenir, prévoir et saisir dans la journée les occasions qu'on pourra avoir de se renoncer soi-même. La paix de l'ame et de grandes grâces sont la récompense de ce renoncement précieux.

Le colloque se fera comme au second prélude. On pourra aussi s'y entretenir avec tous les hommes Apostoliques qui jouissent maintenant dans le Ciel d'une récompense double à raison des sacrifices qu'ils ont faits pour la gloire de Dieu et le salut du prochain.

Le bouquet spirituel sera ces paroles de l'Apôtre : *Je me suis fait tout à tous, pour les gagner tous à J. C.*

XVIe. MÉDITATION.

Sur un Réglement de Vie.

C'est la dernière Méditation de la seconde Semaine : tout ce qu'on y a médité dispose à se faire un Réglement, et cette Méditation nous aidera à tirer de ce Réglement le fruit convenable. Utilité d'un Réglement de Vie, et quels doivent en être les principaux points.

Après s'être mis en présence de Dieu, on se représentera Dieu lui-même disposant toutes choses de toute éternité et avec ordre ; J. C. dans le temps n'anticipant pas les moments de son Père ; et toutes les ames ferventes s'étant fait à elles-mêmes une Règle de Conduite de laquelle elles se seroient fait un point de conscience de s'écarter.

Dans le second prélude, on priera Dieu le Père, J. C. et tous les Saints de nous aider à nous faire un Réglement de vie, et à y être fidèle.

Utilité d'un Réglement de Vie Chrétienne fondée sur l'exemple de Dieu lui-même, de J. C., de tous les Saints. D'ailleurs, avec un Réglement de Vie, on travaille à son salut et à son avancement spirituel avec plus de facilité, de perfection, de goût, de constance et de mérite.

Les points du Réglement de Vie doivent varier suivant l'état et les personnes pour qui il est fait. Il faut y régler ce qu'on doit faire par jour, par semaine, par mois et par année, ainsi que pour les cas extraordinaires. On doit faire l'élection sur chacune de ces choses; et après avoir consulté le Directeur de sa conscience, on s'arrête à ce qui a été décidé. Il faut cependant savoir s'en départir, quand les circonstances l'exigent.

On s'humiliera d'avoir peut-être vécu jusqu'à ce jour sans règle fixe de conduite, ou de n'avoir pas été assez fidèle à celle qu'on s'étoit faite. On se proposera d'observer plus fidèlement celle qu'on se prescrit en ce jour; et on se proposera aussi de la relire souvent, afin de voir si l'on y est bien fidèle.

Dans le colloque, on mettra son Réglement de Vie sous la protection de la Sainte Vierge, de ses bons Anges, de ses saints Patrons, de Saint-Ignace.

Le bouquet spirituel sera ces paroles de l'Apôtre: *Ceux qui ont suivi cette Règle, jouiront de la paix de l'ame, et auront droit à la miséricorde du Seigneur,*

RETRAITE
D'APRÈS
LES EXERCICES
SPIRITUELS
DE SAINT-IGNACE.

TROISIÈME SEMAINE,

OU

TROISIÈME PARTIE.

But de cette Semaine, et Avis qui lui sont particuliers.

Les Exercices de cette Semaine tiennent encore à la *Vie illuminative*. Saint-Ignace achève d'apprendre au Chrétien comment il doit se conduire dans les contradictions, et même les persécutions qu'on rencontre presque toujours

jours quand on est déterminé à marcher hautement sous l'étendard de J. C. et à se conformer en tout à la volonté de Dieu. Ce nouveau genre de vie excite la rage des Démons, met en butte aux persécutions des hommes, et n'est pas même à l'abri des épreuves intérieures que Dieu permet et envoie même pour faire mériter davantage les ames fortes. On a besoin alors de soutien et d'appui. Le Saint nous l'offre dans les exemples de vertu que J. C. notre Modèle nous a donnés dans sa Passion et dans sa Mort.

Saint-Ignace dit que dans cette Semaine il faut éviter tout ce qui peut ressentir la joie et la consolation, et tâcher de pénétrer son ame de sentiments de tristesse et de componction. On va méditer sur ce que la Religion a de plus attendrissant et de plus douloureux. On pourra faire quelques mortifications extérieures pour suppléer à ce qui manque aux souffrances de J. C. Saint-Ignace marque un assez grand nombre de Méditations sur la

Passion de J. C. Nous les avons réduites à trois, parce qu'elles les renferment toutes, et pour ne pas prolonger la Retraite. On pourra en faire davantage, si le temps le permet. En quelque nombre qu'on les fasse, il est bon de les répéter toutes en une seule, avant la fin de la troisième Semaine. Les Lectures et les Oraisons jaculatoires ne doivent être, pendant toute la Semaine, que sur la Passion de J. C.

MÉDITATIONS
SUR LA PASSION DE JÉSUS-CHRIST.

PREMIÈRE MÉDITATION.

Jésus-Christ au Jardin des Olives ; Modèle de ce qu'on doit faire dans les Peines d'Esprit.

Après avoir lu son sujet dans l'Évangile, et s'être mis en présence de Dieu, on se figurera être au Jardin des Olives avec les trois Apôtres que J. C. y fit entrer avec lui, Pierre, Jacques et Jean, et n'être éloigné qu'à un jet de pierre de ce divin Sauveur, dont on observe les mouvements, dont on voit l'abattement, dont on entend les paroles de résignation qu'il adresse à son Père.

Dans le second prélude, on priera ce divin Sauveur de nous donner dans les moments de contradiction les mêmes sentiments dont il fut animé alors, et de mettre dans notre bouche les mêmes paroles. On se mettra aussi sous la protection des trois Apôtres qui reconnurent dans la suite combien ils avoient eu tort de se décourager et de se laisser aller au sommeil dans un moment si critique.

Principales circonstances de ce qui se passa au jardin des Olives. J. C. aux approches de sa Passion, a recours à la Prière; il prie plus longuement, il recommande ce saint exercice à ses Apôtres, ainsi que la Vigilance, afin de ne pas entrer en tentation; il se supporte lui-même dans l'ennui, la tristesse et la crainte qui le préoccupent; il se résigne aux tourmens qu'on lui prépare; il se lève et va courageusement au-devant de ses ennemis; il souffre avec patience la trahison et la perfidie de Judas; il dégage ses Apôtres du danger où ils se trouvoient; et, quoiqu'il eût pu se défendre, il s'abandonne à tout ce que son Père a ordonné de lui.

Il faut s'appliquer ici tout ce qui peut nous convenir, et prendre en conséquence des résolutions.

J. C. au jardin des Olives doit surtout servir de modèle de la Patience qu'on doit avoir dans les Peines d'Esprit. Prières plus longues, au moins jaculatoires; vigilance plus soutenue, résignation à la volonté de Dieu, support de soi-même, attention à ne pas faire souffrir les autres, à n'en pas attendre trop de secours; patience, courage.

Comment nous sommes-nous conduits lorsque nous avons eu des Peines d'Esprit?

Le colloque sera le même que dans le second prélude.

Le bouquet spirituel sera ces paroles de l'Evangile: *Jésus à l'agonie prioit plus longuement.*

IIe. MÉDITATION.

Jésus-Christ à Jérusalem; modèle de ce qu'on doit faire dans les Peines de Sentiment.

Après avoir lu le sujet de cette Méditation dans l'Evangile, et s'être mis en présence de Dieu, on s'imaginera être avec la Sainte-Vierge, les Saintes Femmes, Saint-Pierre, le Disciple bien-aimé, qui suivirent de plus près J. C. dans les tribunaux de Jérusalem. On peut se figurer comment tous ces lieux étoient construits, et la place de ceux qui y jouèrent un plus grand rôle.

Dans le second prélude, on priera ce divin Sauveur de nous inspirer les sentiments convenables aux circonstances, et de nous accorder quelques-uns de ceux qui l'animèrent alors.

Principales circonstances de ce qui

se passa dans les Tribunaux de Jérusalem, lorsque J. C. y fut conduit. J. C. abandonné de ses Apôtres et de ses Disciples, renié par Saint-Pierre, vendu et livré à ses ennemis par Judas, calomnié par de faux témoins; victime de l'envie et de la rage des Prêtres, de l'inconstance et de la fureur du peuple, de la barbarie des soldats romains, de la politique et de la lâcheté de Pilate, de la dérision et du mépris d'Hérode; souffleté chez le grand-Prêtre et dans le Prétoire; à qui on bande les yeux, on crache au visage, on met sur la tête une couronne d'épines, sur les épaules un manteau d'écarlate, une robe blanche; qu'on préfère à Barrabas; qu'on déchire par une flagellation cruelle; devant qui on se met à genoux par moquerie; à qui on dit mille injures, mille paroles outrageantes; et dont on demande la mort à grands cris et plusieurs fois.

On s'appliquera à soi-même les circonstances de ce moment de la Passion de J. C. qui peuvent nous convenir, et on prendra des résolutions qui y soient analogues.

Mais on considérera sur-tout J. C. devant les différents Tribunaux de Jérusalem, comme un modèle de la Patience qu'on doit avoir dans les Peines de Sentiment; c'est-à-dire, lorsqu'on a à souffrir les mépris, les affronts, les injures, les mauvais traitements, etc. On remarquera entr'autres choses, dans cette position si critique, la dignité de sa contenance, la sagesse de ses réponses ou de son silence, l'héroïsme de sa patience, l'industrie de son zèle pour le salut de Judas, de Saint-Pierre, de Pilate, etc.; son aimable douceur, qui força ses ennemis mêmes de l'admirer.

Comment s'est-on conduit lorsqu'on a eu à souffrir de l'envie, de la médisance, de la calomnie, de l'injustice des autres, etc.? Quelles résolutions peut-on prendre pour l'avenir?

Le colloque sera le même que dans le second prélude.

Le bouquet spirituel sera ces paroles de la Passion: *Jésus se taisoit.*

IIIᵉ. MÉDITATION.

Jésus-Christ à Jérusalem ; modèle de ce qu'on doit faire dans la douleur, la maladie et à la mort.

Après avoir lu le sujet de cette méditation dans l'Evangile, et s'être mis en présence de Dieu, on croira être dans la compagnie des Saintes personnes qui accompagnèrent Jésus au Calvaire, ou qui assistèrent à sa Mort, la Sainte-Vierge, les Saintes Femmes, Saint-Jean, le Centenier, le Peuple qui s'en retourna se frappant la poitrine. On les priera de demander pour nous quelque chose des sentiments qui les animèrent alors, ainsi que ceux dont étoit pénétré ce divin Sauveur.

Principales circonstances du crucifiement de J. C. et de sa mort. Il console les Saintes Femmes, qui pleuroient sur lui ; il partage le poids de sa Croix avec Simon le Cyrénéen, on le force de goûter à un breuvage désagréable ;

on le dépouille de ses habits, on l'attache cruellement à la Croix, on l'élève en l'air au milieu de deux voleurs, on le charge d'injures, on vomit contre lui des blasphêmes. Quelles sont aussi dignes de remarque, les dernières paroles de Jésus ! Il prie pour ses bourreaux, il promet le Paradis au bon larron, il prend soin de sa Mère et de son cher Disciple, il prie son Père avec plus d'ardeur, il demande à boire, pour accomplir les Prophéties ; il recommande son ame à son Père ; et lorsqu'il sait que tout est consommé, il meurt en jetant un grand cri.

On s'appliquera ce qui peut convenir dans chacune de ces circonstances, et on prendra des résolutions convenables.

Mais, sur-tout, on regardera J. C. sur le Calvaire, comme le Modèle de la Patience qu'on doit montrer dans la douleur, dans la maladie et à la mort. Dans ce dernier moment sur-tout, résignons-nous à ce que Dieu peut ordonner de nous, souffrons avec patience les maux qu'il nous envoie; ne nous refusons pas à prendre les potions les plus désagréables, à laisser faire les opérations les plus douloureuses; détachons-nous de tout; pensons à notre ame, recommandons-la à Dieu; pardonnons à nos ennemis; n'oublions pas nos amis; soyons reconnoissants des soins de ceux qui nous entourent; prions plus longuement; et tâchons, jusqu'au dernier moment, de consommer et de remplir toutes les vues que Dieu a sur nous.

Humilions-nous d'avoir été si peu résignés dans la douleur et la maladie, et préparons-nous, dès aujourd'hui, par une bonne vie, à une bonne mort. Celle-ci est la récompense de celle-là.

Le colloque se fera avec les mêmes personnes que celles du second prélude.

Le bouquet spirituel sera ces paroles de l'Écriture : *Il a fallu que le Christ souffrît, et qu'il entrât ainsi dans sa gloire;* ou ces autres : *Que mon ame, ô mon Dieu, meure de la mort des Justes!*

RETRAITE
D'APRÈS
LES EXERCICES
SPIRITUELS
DE SAINT-IGNACE.

QUATRIÈME SEMAINE,
OU
QUATRIÈME PARTIE.

But de cette Semaine, et Avis qui lui sont particuliers.

Fortifié par l'exemple de J. C. souffrant et mourant, contre les obstacles qu'on rencontre à la vertu dans la vie publique, il ne reste plus au Chrétien que d'élever ses pensées et ses desirs vers le Ciel. C'est ce qu'il fait dans la quatrième Semaine, en méditant sur les Mystères glorieux de J. C. après sa résurrection, et sur les bienfaits et les perfections de Dieu. Le fruit de ces Méditations est d'enflammer son amour pour Dieu, et de goûter dès cette vie les douceurs de l'union avec lui. Aussi, les Exercices de cette Semaine se rapportent-ils à la *Vie Unitive.*

Saint-Ignace veut que tout dans cette Semaine porte à la joie et à l'amour, qu'on s'abstienne de toute mortification corporelle, qu'on ne suive que les règles de la tempérance, et qu'on se procure même les agréments innocents de la nature, qui portent à louer et à remercier Dieu de ses bienfaits. Il ne faut lire que des sujets relatifs à ce but.

PREMIÈRE MÉDITATION.

Sur la Résurrection de J. C.

On en lira le sujet dans l'Évangile. On s'occupera quelques instants des preuves sur lesquelles la Résurrection de J. C. est appuyée; et on considérera ensuite comment elle est le fondement de notre foi, le motif de notre espérance, et un aiguillon à l'amour de Dieu.

Après s'être mis en présence de Dieu, on s'imaginera voir le tombeau de J. C. taillé dans le roc, scellé d'une grosse pierre, et environné de gardes; comment, dès le matin du troisième jour après sa mort, J. C. tout éclatant de gloire est sorti en un instant du tombeau, sans en briser la pierre ni en rompre les sceaux; quel fut l'étonnement et la frayeur des gardes, et comment les Prêtres leur donnèrent de l'argent pour dire qu'on avoit enlevé le corps de Jésus pendant qu'ils dormoient.

Dans le second prélude, on priera ce divin Sauveur de nous pénétrer de la vérité de sa Résurrection, et de nous y faire trouver de quoi réveiller notre foi, notre espérance et notre amour.

J. C. est vraiment ressuscité. Sa Résurrection est appuyée sur ses apparitions aux Saintes Femmes, aux Apôtres et à plus de cinq cents Frères; sur le témoignage des Anges, la difficulté que les Apôtres avoient à la croire, les contradictions et la foiblesse de l'objection de la Synagogue, les miracles faits en preuve de la Résurrection, la mort soufferte par une foule de témoins qui l'ont attestée.

Résurrection de J. C., fondement de notre foi, motif de notre espérance, aiguillon à l'amour de Dieu. J. C. est ressuscité comme il l'avoit prédit; sa religion est donc divine: Dieu ne peut faire de miracles pour une religion fausse. J. C. est ressuscité, nous ressusciterons donc comme lui, puisqu'il a promis de partager sa gloire avec nous. J. C. est ressuscité, nous devons donc l'aimer, les qualités glorieuses de son corps doivent le rendre plus aimable.

Résolutions : « Je veux mourir au péché, puisque je suis ressuscité à la grâce. »

Le bouquet spirituel sera ces paroles

de Saint-Paul : *J. C. une fois ressuscité ne meurt plus.*

IIe. MÉDITATION.

Sur les Apparitions de J. C.

On en compte onze. On les lira dans l'Evangile. Quel a été le but de J. C. dans ses Apparitions ? Comment doit-on en profiter ?

Après s'être mis en présence de Dieu, on s'imaginera être dans le Cénacle, lorsque J. C. apparut à Saint-Thomas ; ou dans le Jardin, lorsqu'il apparut à Magdeleine ; ou dans la compagnie des Disciples d'Emmaüs, lorsque J. C. se fit voir à eux, dans la fraction du pain, etc.

Dans le second prélude, on priera ce divin Sauveur de nous rendre utile cette Méditation de ses Apparitions ; on se mettra, à cette intention, sous la protection de ceux qui l'ont vu après sa résurrection.

Pourquoi J. C. est-il apparu à ses

Apôtres et à ses Disciples ? Pour affermir leur foi, pour les consoler de son absence, pour achever de les instruire.

Dieu nous apparoît aussi par sa grâce ; quelquefois il le fait d'une manière extraordinaire. Son intention est de nous affermir à son service, de répandre la consolation dans nos ames, de nous éclairer sur nos devoirs. Entrons dans ses vues par une correspondance plus fidèle à sa grâce, et que nos cœurs s'enflamment d'amour pour lui, comme ceux des Disciples d'Emmaüs, lorsqu'il leur parloit dans le chemin.

Le colloque se fera comme au second prélude.

Le bouquet spirituel sera ces paroles des Disciples d'Emmaüs, lorsque J. C. vouloit les quitter : *Restez avec nous, parce que le soir peut venir ;* ou celles-ci des Apôtres à Saint-Thomas : *Nous avons vu le Seigneur.*

IIIe. MÉDITATION.

Sur l'Ascension de J. C.

On en lira le sujet dans l'Evangile et dans les Actes des Apôtres. Les deux idées auxquelles on peut se fixer sur ce mystère, sont celles-ci. Qu'est-ce que J. C. est allé faire au ciel? et quel fruit peut-on tirer de la considération de ce mystère?

Après s'être mis en présence de Dieu, on croira voir J. C. dans sa dernière Apparition sur la montagne des Olives, reprocher à ses Apôtres leur incrédulité, leur promettre son Esprit Saint, les bénir, et s'élever enfin en leur présence dans le ciel. On s'imaginera ensuite, lorsqu'une nuée l'eut dérobé à leurs yeux, voir deux Anges apparoître aux Apôtres, et leur annoncer que ce même Jésus descendroit un jour du ciel, comme en ce moment ils l'y voyoient monter.

Dans le second prélude, on priera ce divin Sauveur, les deux Anges et les Apôtres, de nous aider à bien sentir le but de ce mystère, et à en bien profiter.

J. C. est allé au ciel pour nous y préparer des places; tâchons de les mériter, en marchant sur ses traces. J. C., dans le ciel, présente continuellement à son Père, en notre faveur, ses plaies sacrées; ayons confiance dans un si puissant avocat, et n'oublions jamais ce qu'il a fait pour nous sur la croix. J. C. descend tous les jours du ciel pour s'immoler pour nous sur l'autel, et nous y nourrir de sa chair sacrée immolée pour nous; ayons une grande dévotion au sacrifice de la Messe et à la Communion. Enfin J. C. au dernier jour descendra du ciel, avec pompe et majesté, pour nous juger; vivons de manière à mériter de paroître avec confiance à son tribunal.

Le colloque se fera comme dans le second prélude.

Le bouquet spirituel sera ces paroles du symbôle : *Il est monté au*

Quatrième Semaine.

Ciel, il est assis à la droite de son Père, et il en reviendra pour nous juger.

IVe. MÉDITATION.

Sur les Bienfaits de Dieu.

Les Méditations suivantes, ainsi que celle-ci, tendent plus particulièrement encore à nous unir à Dieu. On examinera ici les bienfaits de Dieu dans l'ordre de la nature et de la grâce, et on finira par s'exciter à la reconnoissance.

Après s'être mis en présence de Dieu, on se le représentera déployant dans la création du monde toute sa magnificence, pour faire de la terre le palais de l'homme : créant ensuite l'homme à son image ; l'homme, son chef-d'œuvre, par la beauté et la proportion de son corps, et plus encore par les belles qualités dont il a orné son ame ; l'homme fait pour être heureux sur la terre et pendant toute l'éternité. On s'occupera aussi de tout ce que J. C. a fait sur la Croix pour relever la dignité de l'homme dégradé par le péché. Dans le second prélude, on priera Dieu de nous faire bien connoître toute l'étendue de ses bienfaits à notre égard, et de créer en nous un cœur reconnoissant.

On entrera ensuite dans le détail de ces bienfaits. Bienfaits généraux : la création, la conservation, la prédestination, les Anges gardiens, la rédemption, la distribution des grâces, l'établissement de l'Église, l'institution des Sacrements. Bienfaits particuliers : être né de parents chrétiens et catholiques, être parvenu à la grâce du Baptême, avoir reçu une éducation chrétienne, avoir échappé à tel danger de mort et de damnation, avoir été appelé à tel état, avoir eu tel moyen de salut, avoir été conservé jusqu'à tel âge, etc.

Se repentir d'avoir si mal profité de tant de grâces, s'exciter à la reconnoissance, prendre des résolutions sur chacun de ces bienfaits.

Le colloque sera le même qu'au second prélude : on pourra s'y entretenir aussi avec ses Saints Patrons, ses Saints Anges, etc.

Le bouquet spirituel sera ces paroles du Psalmiste : *Que rendrai-je au Seigneur pour tous les biens dont il m'a comblé ?*

V^e. MÉDITATION.

Sur les Perfections infinies de Dieu.

LA dignité du Bienfaiteur relève encore le prix de ses bienfaits. *Qui est-ce qui est comme le Seigneur*, disent les Livres saints. La considération des Perfections de Dieu doit nous porter à le louer et à l'aimer.

Après s'être mis en présence de Dieu, on se rappellera ce que l'Écriture nous dit de son essence, et les traits d'histoire qu'elle fournit en preuve de chacune de ses Perfections. Dans le second prélude, on priera Dieu de nous aider à concevoir ses admirables Perfections, autant qu'il est nécessaire pour le louer et l'aimer comme nous le devons.

Qu'est-ce que Dieu? Celui qui est; un Être infiniment parfait, le Créateur du Ciel et de la Terre. Quelle idée plus grande peut-on en donner? Il a toutes les Perfections, et il les réunit au souverain degré. Les principales sont son Éternité, qui n'a ni commencement ni fin; sa Science, qui s'étend jusqu'à l'avenir; sa toute Puissance, qui a tiré le monde du néant, et qui peut l'y faire rentrer; sa Sagesse jusque dans les plus petites choses; sa Providence, même dans les petits événements; sa Miséricorde, qui pardonne aux plus grands pécheurs; sa Justice, qui redemande jusqu'à une obole.

La vue de toutes ces Perfections doit nous porter à louer Dieu et à l'aimer. Nous sommes si prodigues d'éloges, et notre cœur s'affectionne si aisément aux choses ou aux personnes qui paroissent mériter notre estime et notre amour!

Est-ce ainsi que nous nous sommes toujours conduits à l'égard de Dieu? A-t-il toujours été l'objet de notre admiration et de notre amour ? Prenons la résolution d'en avoir toujours une grande idée, et de lui donner tout notre cœur. A quelque degré que soient ses Perfections, il peut y avoir quelque chose d'imitable dans quelques-unes d'entr'elles. Examinons-le, et faisons ce que nous pouvons pour en approcher.

Le colloque se fera comme dans le second prélude : on pourra aussi prier les Anges et les Saints, qui dans le Ciel chantent sans cesse les louanges de Dieu, et ne sont occupés qu'à l'aimer.

Le bouquet spirituel sera ces paroles de l'Écriture : *Qui est-ce qui est semblable à Dieu ?*

VIe. MÉDITATION.

Sur l'Amour de Dieu.

L'AMOUR de Dieu suit naturellement de la considération des bienfaits de Dieu et de ses perfections. On en considérera la nécessité et les avantages.

Après s'être mis en présence de Dieu, nous nous rappellerons tout ce que nous savons des bienfaits de Dieu et de ses perfections; et nous imaginerons, autant que notre intelligence le comporte, tout ce que nous en saurons un jour dans le Ciel avec les Anges et les Saints.

Dans le second prélude, nous prierons J. C. de nous donner une étincelle du feu de cet amour divin qu'il est venu apporter sur la terre. Nous prierons, à cette intention, les Saints qui ont le plus aimé Dieu, David, la Magdeleine, la Sainte-Vierge, Saint-Augustin, Saint-François Xavier, Sainte-Thérèse, etc.

Nécessité d'aimer Dieu. Il nous le commande, il est infiniment aimable; il nous a tant aimés!

Avantages de l'amour divin. Il ennoblit tout ce que nous faisons, il adoucit tout ce que nous souffrons; il supplée à tout ce que nous ne pouvons pas faire.

Le colloque sera, comme dans le second prélude; et le bouquet spirituel, ces paroles qui rendent bien le sujet

sujet de cette Méditation: *Il est juste, Seigneur, de vous aimer; heureux qui vous aime!* ou bien ces paroles de Saint-Augustin: *Je vous ai aimé trop tard, Beauté toujours ancienne et toujours nouvelle.*

VIIe. MÉDITATION.

Sur le Ciel.

Le Ciel est le terme de nos desirs, il est naturel qu'il soit le sujet de la dernière Méditation de la Retraite. Gloire éternelle de l'ame et du corps; effets que la considération de cette gloire doit dès-à-présent produire sur nous.

Après s'être mis en présence de Dieu, on se représentera la Sainte Vierge au moment où, suivant la pieuse croyance de l'Eglise, son corps est sorti glorieux du tombeau, et a été réuni pour toujours dans le Ciel à sa sainte ame. Dans le second prélude, on priera la Sainte Vierge, tous les Anges et tous les Saints, de nous aider à nous

K

former une idée de la Gloire du corps et de l'ame des Bienheureux, et de ne rien négliger pour y participer.

Gloire de l'Ame. La mémoire conservera, sans en rien perdre, le souvenir des bienfaits de Dieu, sur lesquels on aura de plus grandes vues dans ce séjour heureux. L'entendement comprendra Dieu dans toute sa splendeur, autant que l'esprit humain peut le comprendre, et suivant les desseins de Dieu. La volonté s'attachera à lui, et l'aimera de tout son pouvoir.

Gloire du Corps. L'immortalité, l'impassibilité, la clarté, l'agilité, la subtilité. Les sens eux-mêmes auront leur jouissance : *L'œil n'a jamais vu, l'oreille n'a jamais entendu, le cœur de l'homme n'a jamais compris ce que Dieu prépare à ceux qui l'aiment,* dit le Prophète.

Cette Gloire de l'ame et du corps sera éternelle. Ici reviennent ces deux mots qu'on a médités sur l'Enfer. *Toujours. Jamais.* Toujours posséder Dieu, n'en jamais être séparé. Jouir de ce bonheur et le desirer toujours. Le desir et la jouissance ne sont jamais réunis sur la Terre.

Desirons avec ardeur ce bonheur éternel, et tâchons, comme dit l'Apôtre, de le mériter et de nous le rendre certain par nos bonnes œuvres.

Le colloque sera le même que dans le second prélude; et le bouquet spirituel, ces paroles de Saint-Ignace: *Que la Terre me paroît méprisable, quand je contemple le Ciel!*

CONCLUSION
DE LA RETRAITE.

Ce qu'on doit s'y proposer.

Il faut réunir ici tous ses efforts, pour ne rien perdre du fruit de la Retraite, lorsqu'on en sera sorti. C'est la constance qui donne tout le mérite aux meilleures résolutions. Les Méditations suivantes nous aideront à garder celles que nous avons prises.

PREMIÈRE MÉDITATION.

Répétition des vérités les plus importantes de la Retraite.

On se rappellera celles qui ont le plus frappé, et dont on sent avoir le plus besoin ; et après s'être mis en présence

Conclusion.

de Dieu, on se représentera Saint-Ignace écrivant, dans la solitude de Manrèze, d'après son expérience et l'impulsion de l'Esprit-Saint, ses *Exercices spirituels*. Dans le second prélude, on priera ce divin Esprit et Saint-Ignace de nous aider dans la répétition que nous allons faire des vérités de la Retraite les plus importantes, ou qui nous sont plus nécessaires.

Les Méditations préliminaires sont toutes essentielles. Dans la première semaine, il faut revoir celles de la Fin de l'homme, de l'Examen de ses péchés, et de la Miséricorde de Dieu; dans la seconde semaine, celles du Règne de J. C., des Deux Etendards, des Trois Classes, des Trois Degrés d'Humilité, de l'Election, du Discernement plus parfait des esprits, du Réglement de vie; dans la troisième semaine, une seule sur la Passion de J. C.; et dans la quatrième, celles de l'Ascension de J. C., des Bienfaits de Dieu, et de ses Perfections infinies.

On s'arrêtera l'espace de trois ou

quatre minutes sur ce qui a le plus frappé dans chaque Méditation ; pensées, sentiments, résolutions ; on s'en occupera de nouveau : si une heure ne suffit pas, on y reviendra dans une autre Méditation.

Les résolutions à chaque Méditation, seront de s'attacher de plus en plus à Dieu, en prenant J. C. pour modèle.

Le colloque sera le même que dans le second prélude.

Le bouquet spirituel : *Mon devoir et mon bonheur, ô mon Dieu, est de vous aimer,* et ces paroles de J. C. *Je vous ai donné l'exemple, afin que vous fassiez comme j'ai fait.*

IIe. MÉDITATION.

Moyens encore plus efficaces de conserver les fruits de la Retraite.

Après s'être mis en présence de Dieu, on le suppliera de nous bien pénétrer des moyens qui sont ici traités, et de nous aider à y être fidèles.

Ces moyens sont de ne pas perdre le souvenir de la Retraite, de s'estimer heureux de l'avoir faite, d'en mettre les résolutions sous la protection de Dieu, de la Sainte-Vierge, de nos bons Anges, de nos Saints Patrons, de Saint-Ignace, et de tous les Saints en particulier, pour lesquels elle a été un moyen de salut ou d'avancement spirituel ; d'y choisir souvent des sujets de Méditation ; d'en repasser tous les mois les choses importantes, afin de voir en quoi on y a manqué ; de la faire tous les ans pendant douze ou quinze jours ; de s'armer d'un grand courage ; de s'assujétir à une grande vigilance, afin d'être fidèle aux résolutions qu'on y a prises ; de ne pas s'étonner de sa foiblesse ; de compter sur la grâce, et sur-tout de ne jamais se décourager de ses fautes, bien persuadé qu'avec la Prière et la Vigilance on peut s'en relever.

Le colloque peut se faire avec les

personnes que nous venons de nommer.

 Le bouquet spirituel et la Conclusion de toute la Retraite, sera ces paroles de Saint-François de Sales : *Cette Retraite a fait plus de conversions qu'elle ne contient de lettres.*

FIN.

PRIÈRE
A JÉSUS-CHRIST,

COMPOSÉE PAR SAINT-IGNACE.

Anima Christi sanctissima, sanctifica me;
Corpus Christi sacratissimum, salva me;
Sanguis Christi pretiosissime, inebria me;
Aqua lateris Christi purissima, munda me;
Sudor vultus Christi virtuosissime, sana me;
Passio Christi piissima, conforta me;
O Jesu! bone Jesu, custodi me;
Intra vulnera tua absconde me;
Ne permittas me separari à te;
Ab Hoste maligno defende me;
Jube me venire ad te;
Pone me juxta te;
Ut cum Angelis tuis laudem te in sæcula sæculorum. Amen.

LA MÊME EN FRANÇAIS.

Ame très-sainte de J. C., sanctifiez-moi;
Corps très-sacré de J. C., sauvez-moi;
Sang très-précieux de J. C., enivrez-moi;
Eau très-pure qui sortîtes du côté de J. C., lavez-moi.
Sueur pleine de vertu, qui coulâtes du visage de J. C., guérissez-moi;
Passion de J. C., qui montrez si bien son amour, fortifiez-moi;
O Jésus, bon Jésus, gardez-moi;
Cachez-moi dans vos plaies;
Ne permettez pas que je sois séparé de vous;
Défendez-moi de l'ennemi qui veut me perdre;
Ordonnez que j'aille à vous,
Afin que je vous loue avec vos Anges dans les siècles des siècles.
      Ainsi soit-il!

TABLE DES TITRES.

INTRODUCTION.

Du Livre des Exercices spirituels, et de cette Retraite. . . . . pag. 1

MÉDITATIONS PRÉLIMINAIRES. . *Ibid.*

Ire. MÉDIT.	Sur la Prière en général.	2
IIe.	Sur la Prière Vocale.	6
IIIe.	Sur l'Oraison Mentale.	11
IVe.	Sur les Lectures Spirituelles.	22
V^e.	Sur l'Examen Particulier.	25
VIe.	Sur la Tempérance et les Mortifications Corporelles.	30
1er. *Point.*	Sur la Tempérance.	*Ibid.*
2e.	Sur les Mortifications Corporelles.	33
VIIe. MÉD.	Sur les Scrupules.	36
VIIIe.	Sur le Discernement des Esprits.	40
IXe.	Sur l'Habitude de la présence de Dieu, de la Vigilance et des Oraisons jaculatoires.	49

MÉDITATION SUR LA RETRAITE EN
GÉNÉRAL............ pag. 53

Iere. SEMAINE OU Iere. PARTIE.

But de cette Semaine, et Avis qui lui sont particuliers................ 62
Méditation fondamentale de toute la Retraite, et Iere. de la Iere. Semaine.
        Sur la Fin de l'Homme... 65
IIe. MÉDIT. Sur le Péché Mortel.... 71
  1er. *Point.* Sur le Péché des Anges rebelles............ 72
  2e.   Sur le Péché de nos premiers Pères............ 74
  3e.   Comment tant d'ames ont été damnées par un seul Péché mortel............ 77
  4e.   Le Péché considéré en lui-même comme le souverain mal de Dieu et de l'Homme. 79
IIIe. MÉDIT. De l'Examen de ses Péchés............ 81
IVe.   Sur la Mort....... 86
V^e.   Sur le Jugement particulier et général......... 91
  1er. *Point.* Du Jugement particulier. *Ibid.*
  2e.   Du Jugement général.. 94
VIe. MÉDIT. Sur l'Enfer......... 98

des Titres.

VIIe. Méd.	Sur la Miséricorde de Dieu à l'égard du Pécheur, pag.	104
VIIIe.	Sur la Pénitence, comme vertu et comme sacrement.	111
IXe.	Sur le Sacrifice de la Messe et la Communion.	114
1er. Point.	Sur le Sacrifice de la Messe.	115
2e.	Sur la Communion.	117

IIe. SEMAINE OU IIe. PARTIE.

But de cette Semaine, et Avis qui lui sont particuliers. 121

Méditation fondamentale de la IIe. et de la IIIe. Semaine, et Iere. de la Seconde. Sur le Règne ou l'Imitation de J. C. 123

MÉDITATIONS SUR LES MYSTÈRES DE LA VIE DE J. C., ET 1°. SUR CEUX DE SA VIE CACHÉE. 128

IIe. Médit.	Sur l'Humilité dont J. C. nous donne l'exemple dans son Incarnation	129
IIIe.	Sur le Détachement dont J. C. nous donne l'exemple dans sa Naissance.	132
IVe.	Sur la Mortification dont J. C. nous donne l'exemple dans sa Circoncision.	134

Table

Vᵉ. Médit. Sur la Piété dont J. C. nous donne l'exemple dans sa Présentation au Temple, pag. 136

VIᵉ. Sur l'Abandon à la Providence, dont J. C. nous donne l'exemple dans sa fuite en Égypte. 138

VIIᵉ. Sur l'Obéissance à ses Parents, et l'Amour pour la Retraite dont J. C. nous donne l'exemple dans la vie cachée qu'il mena pendant trente ans à Nazareth. . . . 140

Méditations sur les Mystères de la Vie publique de J. C. 142

Méditations préparatoires.

VIIIᵉ. Méd. Des Deux Étendards. . . 144
IXᵉ. Des Trois Classes. . . 150
Xᵉ. Des trois degrés d'Humilité. 157
XIᵉ. De l'Élection. 161
XIIᵉ. Autres Règles pour un Discernement plus exact des Esprits. 172

Méditations de la Vie publique de J. C. 179

XIIIᵉ. Méd. Sur la Pureté d'Intention. 180
XIVᵉ. Sur l'Amour du Prochain. 183

XVe. Médit. Sur l'Oubli de soi-même. 186
XVIe. . . . . Sur un Règlement de Vie. 189

IIIe SEMAINE OU IIIe. PARTIE.

But de cette Semaine, et Avis qui lui sont particuliers. . . . . , pag. 192

MÉDITATIONS SUR LA PASSION DE J. C.

Ire. Médit. J. C. au Jardin des Olives; Modèle de ce qu'on doit faire dans les Peines d'Esprit. 194
IIe.   J. C. à Jérusalem; Modèle de ce qu'on doit faire dans les Peines de Sentiment.
IIIe.   J. C. sur le Calvaire; Modèle de ce qu'on doit faire dans la Douleur, la Maladie et à la Mort. 200

IVe. SEMAINE OU IVe. PARTIE.

But de cette Semaine, et Avis qui lui sont particuliers. 203
Ire. Médit. Sur la Résurrection de J. C. 204
IIe.   Sur les Apparitions de J. C. 205
IIIe.   Sur l'Ascension de J. C. 209
IVe.   Sur les Bienfaits de Dieu. 211
V^e.   Sur les Perfections infinies de Dieu. 213

VIᵉ. Médit. Sur l'Amour de Dieu. pag. 215
VIIᵉ.   Sur le Ciel. 217

CONCLUSION DE LA RETRAITE.

Ce qu'on doit s'y proposer. 220
Iʳᵉ. Médit. Répétition des Vérités les plus
             importantes. . . . . *Ibid.*
IIᵉ.   Moyens encore plus efficaces
             de conserver les fruits de la
             222

Fin de la Table.

De l'Imprimerie de P. GUEFFIER, rue du Foin-Saint-Jacques, nº. 18.

www.ingramcontent.com/pod-product-compliance
Lightning Source LLC
Chambersburg PA
CBHW060122170426
43198CB00010B/998